Agustín Moreto

Los engaños de un engaño y confusión de un papel

introducción y edición crítica
Tania de Miguel Magro

Copyright foreword & notes © Tania de Miguel Magro
of this edition © Stockcero 2008
1st. Stockcero edition: 2008

ISBN: 978-1-934768-10-5

Library of Congress Control Number: 2008926213

All rights reserved.
This book may not be reproduced, stored in a retrieval system, or transmitted, in whole or in part, in any form or by any means, electronic, mechanical, photocopying, recording, or otherwise, without written permission of Stockcero, Inc.

Set in Linotype Granjon font family typeface
Printed in the United States of America on acid-free paper.

Published by Stockcero, Inc.
3785 N.W. 82nd Avenue
Doral, FL 33166
USA
stockcero@stockcero.com

www.stockcero.com

Agustín Moreto

Los engaños de un engaño y confusión de un papel

Índice

Introducción ------------------------------- VII
Sobre el autor
Fecha
Análisis de los personajes
Damas: doña Blanca y doña Elvira
Galanes: don Diego y don Juan
Graciosos: Galón y Polilla
Criada: Celia
Padre: don Pedro Osorio
Género: comedia de capa y espada
Lenguaje y estilo
Teatralidad y puesta en escena
Ideología y temas
El matrimonio
El honor
Criterios de edición
Abreviaturas más comunes --------------- LXXX

Referencias bibliográficas y lecturas recomendadas - -LXXXI
Fuentes primarias
Fuentes secundarias
Sobre teatro español del Siglo de Oro
Sobre el autor

Los engaños de un engaño y confusión de un papel

Personas que hablan en ella. ---------------------- 1

Jornada Primera --------------------------- 3

Jornada Segunda --------------------------- 43

Jornada Tercera --------------------------- 79

Variantes textuales ------------------------- 129

Introducción

Sobre el autor

La biografía de Agustín Moreto y Cabaña o Cavana estuvo durante años enturbiada por leyendas románticas que nada tienen de ciertas y que hoy han sido ya completamente desterradas de la crítica. Las mayores aportaciones en este campo las han realizado Fernández-Guerra y Orbe[1], quien en el «Discurso preeliminar» a su edición reproduce importantes documentos relativos al autor y desmiente algunas de las leyendas que habían circulado sobre su vida, Joaquín Entrambasaguas[2] en «Doce documentos inéditos relacionados con Moreto y dos poesías suyas desconocidas», y Ruth Lee Kennedy, autora de la más completa biografía de Moreto, incluida en *The Dramatic Art of Moreto*, y de un artículo clave para intentar fechar sus textos, «Moreto's Span of Dramatic Activity.»[3]

---

1   En Agustín Moreto. *Comedias escogidas.* Ed. Luis Fernández-Guerra y Orbe. Biblioteca de Autores Españoles 39. Madrid: Ediciones Atlas, 1950.
2   En Joaquín Entrambasaguas y Peña. «Doce documentos inéditos relacionados con Moreto y dos poesías suyas desconocidas.» *Revista de la Biblioteca, Archivo y Museo* VII.28 (1930): 341-56.
3   En Ruth Lee Kennedy. «Moreto´s Span of Dramatic Activity.» *Hispanic Review* 5.2 (April 1937): 170-2.

Agustín Moreto nació en Madrid en 1618, hijo de comerciantes italianos acomodados, posiblemente de origen milanés, aunque no tenemos constancia de que el autor hablase italiano o viajase a la patria de sus padres. Estudió en la Universidad de Alcalá entre 1634 y 1637, licenciándose en 1639. Meses antes de su graduación aparece su primera publicación conocida: un soneto a la muerte del poeta Juan Pérez de Montalbán, impreso en *Lágrimas panegíricas* (Madrid: Imprenta del Reino, 1639), aunque según Ignacio Arellano: «la actividad teatral la había comenzado antes de los veinte años, ya que había compuesto *La renegada de Valladolid*, en colaboración con Belmonte y Martínez de Meneses en 1637» (*Historia del teatro* 525.) El siguiente texto que podemos fechar es precisamente *Los engaños de un engaño*, de 1641. En 1642 recibe nuestro autor órdenes menores y un beneficio en la Parroquia de Santa María Magdalena de Mondéjar, en Toledo. Aunque posiblemente vivió alejado de la Corte, pronto adquirió gran fama y en 1649 pertenecía ya a la Academia Castellana. Debió pasar algún tiempo en Sevilla, pues en 1656 escribe unas loas para las fiestas del Corpus de esta ciudad.

No mostró el autor, que sepamos, gran interés por medrar en la carrera eclesiástica, permaneciendo hasta su muerte en 1669 en el puesto de capellán del Hospital de la Hermandad del Refugio, en Toledo. En su testamento deja por herederos de todos sus bienes a los pobres y pide ser enterrado en el Cementerio para pobres de Pradillo del Carmen, aunque esto último no se cumplió y sus restos descansan en la Capilla de la Escuela de Cristo en la Parroquia de San Juan.

Por su correspondencia sabemos que cultivó la amistad de Jerónimo de Cáncer y Velasco, Juan de Matos Fragoso y Calderón, autores los tres junto a quienes escribió comedias en colaboración. A pesar de las aparentemente cordiales relaciones que mantuvo Moreto con escritores contemporáneos, resulta particularmente curioso que en su obra no se mencione directamente a ninguno de ellos y que a la vez estos guardasen silencio sobre él. La única mención que merece destacarse es la de Francisco Bances Candamo en *Theatro de los theatros de los passados y presentes siglos*: «Don Augustín Moreto fue quien estragó la pureza del theatro, con poco reparadas graciosidades, dejándose arrastrar del vulgar aplauso del pueblo» (30)[4]. La cita no tiene desperdicio, sobre todo si se tiene en cuenta que Moreto se caracteriza precisamente por todo lo contrario: huir de la vulgaridad y de la falta de decoro.

Fecha

Afortunadamente *Los engaños de un engaño* es una de las producciones moretianas más fáciles de fechar, algo que no puede decirse del gran grueso de su corpus, debido a la mención a dos hechos históricos, ambos acaecidos en 1640. El primero de ellos ya fue apuntado por Fernández-Guerra y Ruth Lee Kennedy; se trata del levantamiento del duque de Braganza en Portugal, al que sin duda aluden los siguientes versos:

>   (…) Un año
>   poco menos asistí

---

[4] En Francisco Bances Candamo. *Theatro de los teatros de los passados y presentes siglos*. Ed. Duncan W. Moir. London: Tamesis Books, 1970.

> en Lisboa. Y a este tiempo
> fue el rebelión y motín
> con que el de Berganza quiso
> su nobleza deslucir. (vv. 383-8)

Tras la muerte sin sucesor del rey Enrique de Portugal en 1580, Felipe II anexiona los territorios a la Corona española y se proclama Felipe I de Portugal. Da comienzo así un período en el que los portugueses se vieron obligados a pagar unos altísimos impuestos que eran empleados en mantener los gastos militares españoles, motivo éste, entre otros, de que se sublevaran en 1634 y 1637, hasta que finalmente consiguieron el apoyo de Francia y, aprovechando el desorden provocado por la revuelta catalana, el uno de diciembre de 1640 João de Pereira, octavo duque de Braganza, proclamó la independencia de Portugal y se coronó como João IV. En la comedia, don Diego es testigo del levantamiento del Duque durante su breve estancia en Portugal.

Hay en el texto otro dato histórico que ha pasado desapercibido para la crítica y que es el siguiente:

> Ganada Salsas, adonde
> contra la francesa Lis
> su reputación España
> recuperó con feliz
> suceso (…) (vv. 274-6)

Don Diego, en el relato de sus hazañas militares, cuenta como antes de unirse al ejército en Flandes luchó en Salsas. Salsas, que en *Covarrubias* viene recogido como «Salses», es en realidad una castellanización que designa la catalana fortaleza de Salces. En 1639 los franceses al mando del general Condé y el mariscal Hallouin-Schomberg iniciaron una ofensiva militar a través del Rosellón. Los franceses sitiaron el Castillo de Salces, y el Conde de Santa Coloma, virrey de Cataluña, al ver que no llegaban a tiempo refuerzos suficientes desde Madrid, reclutó a 10.000 jóvenes catalanes que, debido a su falta de experiencia militar, fueron derrotados. Salces tuvo que rendirse a los galos, lo que provocó grandes quejas entre los ciudadanos catalanes. El 15 de septiembre salió de Perpiñán un ejército español que puso sitio a la fortaleza, logrando vencer a los franceses el primero de noviembre de 1639, aunque Espenan, gobernador de la plaza, no permitió la entrada de los españoles al castillo hasta el 6 de enero de 1640. Todo el proceso militar provocó importantes roces entre los ejércitos castellano y catalán.

Una vez establecido el marco temporal, resulta perfectamente plausible que don Diego pudiera haber sido testigo de la rebelión de Braganza y de los acontecimientos de Salces, pues como él mismo explica tras la victoria de Salces (enero de 1640) parte para Portugal y allí pasa poco menos de un año hasta el levantamiento del Duque (diciembre de 1640). Don Diego abandona Portugal huyendo del alboroto y tarda diez días en llegar a Badajoz, en donde recibe una carta de su amada y en quince días se traslada a la Corte. La comedia comienza con su llegada a Madrid, la cual debe producirse en enero de 1641, y éste debió ser el año de la escritura del texto. *Los engaños de un engaño* se sitúa en la actualidad de los espectadores.

Es significativo que las dos únicas referencias históricas se sitúen en un mismo parlamento, como si hubieran sido añadidas en el último momento para dar un aire de cotidianeidad al texto. Las dos referencias se encuentran en la recapitulación que don Diego hace de sus andanzas del último año. Se trata de un fragmento paralelo a la relación de don Juan. El monólogo de don Diego cuenta con 196 versos y el de don Juan con 143. Existe así un claro desequilibrio entre la exposición del uno y el otro, algo que no es propio de un autor como Moreto, tan preocupado por el equilibrio y quien compone la última jornada del texto a base de cuadros perfectamente simétricos. Si de los 196 versos de don Diego eliminamos los 52 versos empleados en referir los dos eventos históricos, encontraremos que su intervención queda reducida a 144 versos, figura equiparable a los 143 de don Juan. Lo que refuerza la teoría de que las referencias a Salsas y el Duque de Braganza pudieron ser incluidas al final para recrear un ambiente de actualidad.

Basándose sólo en la alusión a la rebelión portuguesa, ya Fernández-Guerra había fechado la comedia en 1641, mientras que Kennedy adelanta la redacción a 1640, fecha demasiado precipitada si tenemos en cuenta que las noticias del motín portugués no llegaron a Madrid hasta el 19 de diciembre de 1641 y la acción comienza al menos 25 días después de la sublevación.

Análisis de los personajes

De acuerdo al ya clásico estudio de Juana de José Prades, *Teoría sobre los personajes de la comedia nueva*, existen cuatro personajes que aparecen en todas las comedias del Siglo de Oro: galán, dama, criado (gracioso) y criada; y otros dos que aparecen casi siempre: el poderoso (normalmente un rey) y el viejo (normalmente un padre). Cada uno de estos actantes puede ser representado por varios personajes, es decir, puede haber dos galanes, dos damas, etc. En *Los engaños de un engaño* hay dos galanes, dos damas, dos graciosos, una criada y un padre viejo; no se presenta la figura del poderoso.

Los engaños de un engaño es una de las primeras comedias de Moreto. Moreto dibuja personajes completamente arquetípicos y carentes de rasgos individualizadores; no hay prácticamente nada que diferencie a don Juan de don Diego, a doña Blanca de doña Elvira. Los únicos personajes que poseen cierta caracterización personal dentro de un mismo tipo son los graciosos Galón y Pasamano. Con el tiempo Moreto afinará su técnica y creará personajes memorables con personalidades perfectamente perfiladas, como Diana o el gracioso Polilla en *El desdén, con el desdén*. Pero en estos sus primeros pasos como dramaturgo, Moreto se limita a reproducir los rasgos fundamentales que constituyen la esencia de cada personaje-tipo, lo que, unido al tópico argumento de la confusión de identidades, le permite trazar sin mayores complicaciones un texto completamente apto a los gustos del público de su tiempo. Como explica de José Prades:

> Cualquier joven poeta que contemplase una y otra vez, comedia tras comedia, a la dama, al galán, al gracioso, etc., que observase sus móviles habituales —tan claros para él, hombre de su época—, podía lanzarse a emborronar, con mayor o menor fortuna literaria, los doce pliegos que ordenaba Lope. (254)

Los engaños de un engaño no es una obra maestra del XVII, sino una comedia plenamente convencional, construida a base de tópicos manidos y personajes arquetípicos; esto es precisamente lo que la convierte en interesante para el lector moderno que pretenda tratar el fenómeno teatral en su conjunto, pues la mayoría de conclusiones sobre el género se han extraído del estudio de textos que por su enorme calidad constituyen más bien excepciones que manifestaciones de la norma. La mayor parte de las obras que el espectador del XVII contemplaba estaban más cerca de *Los engaños de un engaño* que de *La vida es sueño*. *Los engaños de un engaño* es un ejemplo más de las miles de comedias no editadas en la actualidad que constituyen el grueso del corpus de lo que hoy llamamos teatro del Siglo de Oro y que en su época alcanzaron gran éxito. Así por ejemplo, un texto como *La confusión de un jardín* de Moreto, una comedia muy parecida en estructura y argumento a la que aquí nos ocupa, llegó a reeditarse al menos siete veces durante la segunda mitad del siglo XVII.

A pesar de lo anteriormente expuesto, sería injusto juzgar *Los engaños de un engaño* como una mera repetición de clichés teatrales a la que Moreto no aporta nada nuevo. En esta comedia se encuentra ya el embrión de lo que serán algunos de los rasgos que constituyan el sello personal del autor; y si hay algo que diferencia a los personajes de Moreto de los de sus contemporáneos, es el predominio de la razón sobre la acción desmedida. Así por ejemplo, el engaño a los sentidos, base de innumerables comedias barrocas, es aclarado aquí mediante la intervención de la razón antes de llegar a desembocar en tragedia. Los personajes dialogan hasta desenrollar a través de la lógica la maraña de malentendidos que les envuelve, logrando así la consecución de un final feliz en el que el intelecto disipa todas las dudas creadas por las incorrectas percepciones que los sentidos físicos tienen de la realidad. Para Moreto la razón posibilita la resolución de cualquier problema que aqueje a unos personajes siempre virtuosos; quizás por ello no se vio atraído por el género trágico.

El siguiente estudio de los personajes sigue las categorías de personajes-tipo marcadas por de José Prades, agrupando para este propósito a las dos damas, los dos galanes y lo dos graciosos, pues, como se indicó anteriormente, no existen entre ellos grandes diferencias. Podrá observarse que todos ellos, a excepción del padre, reproducen casi a la perfección los atributos marcados por de José Prades como básicos. El público del siglo XVII, espectador constante de los mismos personajes y conflictos, distinguía inmediatamente los distintos tipos que tomaban parte en la representación y tenía claramente establecido un horizonte de expectativas al respecto. Desde el momento que un actor sale a la escena, en virtud de su lenguaje y vestuario, el espectador sabe en qué arquetipo encuadrarlo. Por tanto, sólo podemos obtener un correcto análisis de los *dramatis personae* considerándolos como productos de un molde preestablecido y, más aún, como representantes de un grupo social determinado, dentro del cual cumplen con una función prefijada de acuerdo a su rango.

El conjunto de personajes conforma un microcosmos que quiere ser reflejo de una sociedad española ideal. Es decir, don Juan o don Diego, por ejemplo, son ante todo galanes, hombres nobles destinados a contraer matrimonio con mujeres de su mismo estatus y a actuar conforme a las virtudes y valores que se presuponen en un varón de su condición. Cualquier rasgo individualizador que posea cada uno de ellos debe derivarse de los rasgos que le identifican como galán y corroborar su posición en el organigrama social, o por el contrario quebrantar las expectativas hacia su persona, quedando así aislado de una estructura social que le expulsará de su seno o le castigará por su pecado.

Damas: doña Blanca y doña Elvira

De acuerdo a de José Prades, «la Dama es siempre *bella*, de *linaje aristocrático*, dedicada exclusivamente a la *consecución de su amor* por el galán, y, para lograrlo, sabrá emplear *audacia* e *insinceridad*» (251). La belleza de la amada es, en cierto modo, el primer motor de la acción, pues es la que provoca el enamoramiento del galán, que dará paso a las aventuras de galanteo y celos que constituyen el núcleo de la comedia. El encarecimiento de la belleza de la amada se realiza a través de metáforas e imágenes. Destacan en esta obra las continuas alusiones a la luz, el sol o las flores.

En la comedia barroca el atributo de la belleza femenina está intrínsecamente unido al de la nobleza de sangre. Don Juan se enamora al ver a doña Elvira y lo primero que descubre de ella no es su nombre, que desconocerá hasta casi el final de la obra, sino su apellido.

> Pues solamente alcanzo por notorio
> cómo don Pedro Osorio
> tiene dos hijas nobles cuanto hermosas,
> discretas como airosas. (vv. 185-8)

Tal y como se desprende de las palabras de don Juan, y siguiendo los principios del neoplatonismo, nobleza y perfección física son partes inseparables de un mismo todo. La una se desprende necesariamente de la otra y la belleza externa se convierte en símbolo de la virtud interior. A los ojos de don Juan, doña Elvira posee las características esenciales en una dama: hermosura y nobleza, por lo que se lanza de inmediato a su conquista. Don Juan no precisa saber más de doña Elvira, pues por su sangre se presupone su buen actuar y su discreción (tercer rasgo definitorio de las damas según de José Prades) y por lo tanto será una candidata perfecta para el matrimonio.

La sociedad del siglo XVII no concede a la mujer ningún espacio en la vida pública. La mujer debe ser discreta, guardar silencio, pasar desapercibida y no dar de qué hablar. La discreción implica sumisión ante el varón, ya sea el padre, el marido o el hermano. Haciéndose eco de los usos sociales, la comedia alaba a las mujeres virtuosas y discretas, pero ¿verdaderamente cumplen las damas con los requisitos que marcaba el decoro en la vida real? Es decir, ¿son estas damas de la ficción en sus costumbres un reflejo de las solteras nobles de la época? Definitivamente no. Las jóvenes protagonistas del teatro gozan de una libertad de acción y opinión muy superior a la que tendrían sus contemporáneas de la misma clase en la vida real. Baste como ejemplo que doña Elvira y doña Blanca, dos mujeres solteras y en edad de merecer, acuden solas a misa, a pasear por el Prado e incluso a casa del pretendiente de una de ellas.

Las damas del teatro hacen cualquier cosa por amor y

son ellas quienes a menudo llevan la iniciativa, por lo que Bruce W. Wardropper (*Teoría de la comedia*) las considera las verdaderas protagonistas y vencedoras de la comedia, llegando a afirmar que el género de la comedia aporta un punto de vista predominantemente femenino que plantea una subversión de las estructuras patriarcales. Es indiscutible que la voz de la mujer adquiere en la comedia barroca una dimensión incomparablemente superior a la que tiene en otros géneros literarios o en la vida real. En el teatro las damas, sean o no escuchadas por el resto de personajes, tienen derecho a opinar y eso, en la España del XVII, supone otorgar a la mujer en las tablas un poder del que carece en la sociedad. Sin embargo, aún cuando sus ideas pudieran en determinados textos implicar un ataque directo a la estructura patriarcal aristocrática, no debe confundirse la opinión de una dama con la ideología del autor o el género, pues al final la comedia apuesta sin excepción por la sumisión de la mujer a la autoridad masculina a través del matrimonio.

La comedia no intenta ser un reflejo fiel de la realidad, sino que constituye un universo paralelo formado a base de los mismos principios morales y sociales, pero en el que los personajes actúan de acuerdo a las leyes y convenciones del género, entre ellas el que la dama goce de una cierta independencia que le permite defender sus deseos amorosos y tomar parte de aventuras y enredos que serían imposibles para una dama en el Madrid del XVII. La libertad de acción de las damas no es un grito en favor de la liberalización de la mujer, sino un recurso escénico que resulta sumamente atractivo tanto para el público masculino como para el femenino.

En el teatro del siglo XVII, las damas poseen una libertad y corren unas aventuras impensables para las espectadoras. Sobre las tablas, la conducta femenina traspasa lo socialmente considerado correcto: hay damas que abandonan el hogar paterno, que se disfrazan de hombre, que introducen a sus amantes en casa, etc. Cuando el pecado cometido atenta contra la honra o la religión, el texto se convierte en tragedia y las mujeres son castigadas, a menudo con la muerte, como ocurre en *La serrana de la Vera* de Luís Vélez de Guevara o en *El castigo sin venganza* de Lope de Vega. Pero en las comedias sus faltas no representan ningún peligro para el conjunto de la sociedad, por lo que son atribuidas al amor y perdonadas. Esto es exactamente lo que ocurre en *Los engaños de un engaño*. Las faltas cometidas por doña Blanca y doña Elvira son leves y no llegan a suponer la deshonra de su padre. Introducen en su casa a sus enamorados, pero mantienen su virginidad y tanto ellas como ellos están dispuestos a contraer matrimonio eliminando toda duda que pudiera existir sobre lo ilegítimo de sus amores. Sus faltas son tratadas entonces como travesuras de jóvenes enamorados.

Mientras la dama no ataque frontalmente las normas morales, el público aplaudirá y será cómplice de sus travesuras, sin embargo, cuando sobrepase los límites de lo aceptable, el punto de vista adoptado por la comedia atacará su conducta, tal y como ocurre en los casos de adulterio donde la perspectiva adoptada defiende el proyecto de venganza del marido burlado y desprestigia los amores extramatrimoniales.

La crítica ha llamado la atención sobre el especial interés de Moreto por defender la libertad de la mujer a la hora de escoger marido. Juan Luis Alborg llega a ver en sus obras una manifestación del feminismo[5] (795). Emplear el término feminismo para describir los planteamientos de Moreto resulta, cuanto menos, anacrónico. Considero necesario, sin embargo, profundizar en esta idea. Las damas moretianas no se rebelan contra las convenciones y la autoridad mediante sus actos, lo que sí hacen es argumentar sus derechos. Los personajes de Moreto no se lanzan a una acción atropellada, como los de Lope, su pasión amorosa nunca nubla su mente, sino que intentan hacer valer su voluntad a través del razonamiento lógico.

En *Los engaños de un engaño* la voluntad paterna nunca se opone a los deseos de sus hijas, pues desde un primer momento el propio don Pedro acepta a don Diego como futuro yerno y lo mismo hará con don Juan llegado el momento. Las pocas tensiones que existen entre padre e hijas se solucionan gracias a que ellas intentan disuadir a su progenitor mediante la palabra, logrando obtener un matrimonio a su gusto.

En la obra dramática de Moreto, al igual que no existe una verdadera rebeldía y oposición a la voluntad del padre, tampoco se encuentran casos de infidelidad, abandonos del hogar o de mujeres disfrazadas de varón, de que tanto gustaron Lope y sus contemporáneos. Por el contrario la fidelidad es, como la discreción, una virtud que se asume en una dama noble. Cuando los galanes, continuos prisioneros de los celos, dudan de la constancia de sus amadas, recuerdan o alguien les hace recordar que ellas son no-

---

5   En Juan Luis Alborg. *Historia de la literatura española. Época barroca*. Madrid: Gredos, 1966.

bles, lo que garantiza su fidelidad.

Aunque sean siempre obedientes y no se dejen arrastrar por sus pasiones llegando a cometer actos impropios de su sexo y condición, doña Elvira y doña Blanca no carecen de los dos últimos atributos que de José Prades considera claves para las damas de la comedia del Siglo de Oro: la audacia y la insinceridad. El deseo de conseguir el marido deseado agudiza su ingenio y las impulsa a tomar las riendas sobre su futuro. Son ellas quienes envían misivas solicitando la visita de los hombres y quienes darán el primer paso para evitar el duelo final entre los dos galanes y resolver el malentendido de los nombres y la carta rota. Sin la intervención de cada una de las hermanas en los momentos clave de la acción, hubiera sido imposible el final feliz de la comedia.

Moreto otorga a sus damas una capacidad de razonamiento lógico superior a la de los varones. Su condición femenina, en la obra de un autor tan preocupado por el decoro, les impide recurrir a métodos drásticos para resolver sus problemas, por lo que su inteligencia se convierte en la única arma que poseen. Mientras que los hombres, galanes y padre, recurren inmediatamente a su espada cuando temen estar su honor en peligro, ellas intervienen y con sus palabras consiguen evitar los duelos. No obstante no debe olvidarse que, en comparación a las comedias de otros autores de la época, todos los personajes de Moreto, y no sólo las mujeres, dominan sus pasiones a través de la razón.

En la comedia la finalidad última de las damas es conseguir casarse con el hombre de su elección y para ello están dispuestas a hacer todo lo que sea necesario, llegando en ocasiones a poner en peligro el honor de la casa paterna, por ejemplo, introduciendo a su amado en la alcoba, como ocurre durante la segunda jornada de *Los engaños de un engaño*. Las damas del teatro no son las mujeres perfectas, pasivas e inalcanzables de la lírica amorosa, sino que se posicionan en una situación de relativo dominio de su destino. Un destino que, como acabamos de precisar, es por definición el matrimonio. Para lograr su propósito deben realizar actos no siempre virtuosos, que son perdonados por conducirse a un fin justo: un matrimonio entre iguales que asegurará perpetuamente su honra, la de su padre y la del futuro marido. Los desmanes femeninos, aunque a primera vista parezca lo contrario, no se apartan de los principios que rigen la sociedad, ya que en última instancia persiguen perpetuarlos a través de las nupcias. Sólo en aquellos casos en los que la rebeldía no está encaminada a un matrimonio apropiado, la dama recibe un castigo por no cumplir con sus obligaciones sociales como mujer.

Entre los recursos empleados por las damas para defender su amor se encuentra el mentir. En ocasiones la ocultación y mentira no es tanto una necesidad, como argumenta de José Prades, sino un recurso escénico que favorece la intriga y provoca los malentendidos o engaños a los sentidos tan caros al Barroco. En *Los engaños de un engaño* desde su primera aparición en las tablas las dos hermanas actúan a escondidas del padre, aprovechando la ausencia de éste para acudir a una cita secreta entre doña Elvira y don Juan. ¿Qué razón lleva a doña Elvira a ocultar su noviazgo con don Juan? Objetivamente ninguna, pues don Juan posee todas las dotes necesarias para ser aceptado por don Pedro, como efectivamente ocurrirá cuando llegue el momento. El esconder el noviazgo de los ojos del padre se trata de una convención del género. En *Los engaños de un engaño* la mentira u ocultación de la verdad es meramente tópica y responde a la necesidad del autor, que basa su argumento en mentiras y malentendidos insuficientemente justificados. La confusión de los nombres, origen del enredo, proviene de la ilógica negativa de doña Blanca a confesar el nombre de su hermana a Pasamano, cuando ella misma sabe que doña Elvira está enamorada de don Juan y está dispuesta a casarse con él.

La mentira se relaciona directamente con uno de los tópicos escénicos del teatro del XVII, la suplantación de identidades. Aprovechando la noche, la capa, un cancel o una puerta cerrada, los personajes fingen ser otra persona para descubrir así los verdaderos designios de su interlocutor o realizar algo que ninguna otra persona puede hacer en su lugar. La tercera jornada está básicamente construida sobre este recurso, con tres casos de suplantación de identidad. Doña Elvira se hace pasar por doña Blanca para conocer los verdaderos sentimientos de don Diego. Lo que ella no sabe es que está en realidad hablando con don Diego, quien finge ser don Juan con el mismo propósito de descubrir si su amada le es fiel. En una escena paralela a ésta, don Juan toma la identidad de don Diego durante una conversación con doña Blanca con igual fin. Doña Blanca no finge ser doña Elvira, pero eso ya no es necesario, pues su interlocutor tiene los nombres confundidos y cree estar hablando con su amada, no con la hermana.

En *Los engaños de un engaño* no existen los roles de primera y segunda dama o primer y segundo galán. Moreto consigue el equilibrio mediante dos sistemas: el reparto de responsabilidades y la creación de escenas paralelas. La comedia se estructura en base a cuadros y actos paralelos que mediante la repetición de las mismas situaciones confieren a cada una de las damas, y a cada uno de los galanes, rasgos semejantes e igualadores. Las dos hermanas escriben papeles a sus galanes, dialogan con ellos en sus aposentos y posteriormente en el jardín, las dos son sorprendidas por el padre y las dos acuden a casa de don Diego, donde conversan con los dos galanes, resuelven sus diferencias y les dan la mano en señal de matrimonio.

Moreto, al crear los personajes de doña Blanca y doña Elvira, se limita a repetir los rasgos tópicos de las damas de la comedia barroca. Al analizarlas siguiendo los principios marcados por de José Prades observamos que, no sólo contienen todas las características del personaje-tipo de la dama, sino que no hay en ellas ningún otro rasgo añadido. No hay nada que no pueda encontrarse en todas las demás damas del teatro barroco. No debemos juzgar esta falta de individualización como un detrimento a la calidad artística del dramaturgo, pues estaríamos proyectando entonces nuestro gusto de lector post-romántico, sino interpretarlo como un elemento constituyente de un género en el que cada personaje es la recreación de un tipo social.

Galanes: don Diego y don Juan

Al acercarnos a don Diego y don Juan pronto descubrimos que se ajustan a la definición que de los galanes da de José Prades: «el GALÁN es caballero de buen *talle*, *linajudo*, eterno *enamorado* de la dama, pero turbado en su amor por la obsesión de *celos* y por la preocupación de *honor*; será, además, muy *valiente* y *generoso*» (251).

Como se ha visto anteriormente, a pesar de no existir una descripción concreta de la belleza de las damas, ésta es continuamente ponderada. En el caso de los galanes las alusiones son menos frecuentes y menos específicas, y nunca se centran en particularidades físicas. La belleza del hombre no es ensalzada en sí misma, sino como el reflejo de virtudes más importantes tales como la nobleza o la valentía. En la literatura del XVII cuando un hombre se preocupa excesivamente de su cuidado personal y apariencia física es duramente criticado e inevitablemente tildado de afeminado, como ocurre en *El lindo don Diego*. El mismo empleo del marbete «belleza» para referirnos al físico de los galanes resulta inadecuado, pues el teatro, que continuamente repite el vocablo para describir a las damas, nunca lo aplica al género masculino (a no ser para ridiculizarlo). Obsérvese la valoración que don Pedro hace del futuro esposo de su hija mayor:

> Es mozo de muchas prendas:
> bizarro, galán… Adonis
> no pudo hacer competencia
> a don Diego. Aquesta noche
> vendrá a verte. Está contenta
> con el desposado, hija,
> que yo sé que cuando vean
> tus amigas tantas partes
> en don Diego de Ribera,
> te han de quedar envidiosas

de la dicha que te espera. (vv. 640-50)

Se prefieren los apelativos «bizarro» o «de buen talle», lo que no es una afirmación explícita de que el varón sea bello, sino más bien pudiéramos decir atlético. Bizarro, el adjetivo empleado por don Pedro, significa según Covarrubias «gallardía, lozanía». Es esta la única valoración del físico de uno de los galanes, ni doña Elvira ni doña Blanca harán alusión alguna a la apariencia de sus pretendientes.

Las dotes físicas del galán demuestran su hombría y nobleza, y si hay algo que tradicionalmente caracteriza a la sangre noble es su valor en el campo de batalla. La estructura social feudal sobre la que en parte descansa la ideología del teatro del Siglo de Oro, reserva a la nobleza la función de defensores. Sólo en la guerra pueden cumplir plenamente con sus obligaciones y sólo a través de ella se legitima su posición privilegiada. Don Juan y don Diego inician el relato sobre su pasado definiéndose a sí mismos como soldados. Como explica don Juan, su estadía en la Corte viene forzada por las circunstancias, si de su gusto dependiera, seguiría luchando en Flandes. La opinión de don Diego es la misma. La descripción detallada de enfrentamientos bélicos en los que cada galán participó en el pasado es muy común. Los corrales de comedias carecían del aparato necesario para escenificar combates, por lo que éstos eran siempre narrados, satisfaciendo el gusto del público por los pasajes de guerra. Don Diego explica su participación en contra de la rebelión de Braganza, destacando su valentía y nobleza ante la adversidad. Mientras que Don Juan, por su parte, relata otra de las aventuras preferidas de la audiencia, un naufragio. Aunque la mayoría de comedias de capa y espada tienen lugar en Madrid, es común que sus protagonistas masculinos hayan sido soldados que han viajado al extranjero y que relaten sucesos heroicos que debían llamar enormemente la atención de un público que en su gran mayoría ni siquiera habría visto nunca el mar.

La narración de pasadas victorias bélicas no es el único modo de demostrar el arrojo del galán. En las comedias de capa y espada, que tienen lugar en ambientes urbanos, la valentía es puesta a prueba mediante el duelo, remedio favorito del teatro para saldar los problemas de celos u honor. A pesar de que los duelos habían sido prohibidos por el Concilio de Trento,[6] su práctica no había sido completamente desterrada en España. Pero sin duda la frecuencia de los duelos en la vida real no era en ningún momento comparable a la que nos presenta el teatro. La comedia no es ni pretende ser un fiel reflejo de la realidad histórica, sino que recrea una situación social idílica basada en unos valores casi medievales, lo que facilita la aparición constante de los duelos como método para solucionar altercados. Según la concepción tradicional del duelo, Dios daría la victoria al caballero que estaba en posesión de la verdad.

Al igual que ocurre con las damas, los galanes de *Los engaños de un engaño* son más reflexivos y menos impulsivos de lo que era común a los protagonistas masculinos de otras comedias. Cuando se sienten celosos o tienen alguna sospecha no optan inmediatamente por la violencia. A pesar de todo, tal y como requiere el género, eventualmente

---

6   El texto concreto de esta prohibición se encuentra en la Sesión 25, Canon 19.

el duelo aparecerá como el único modo posible de solventar sus diferencias. Don Diego se reprime en un primer momento al sospechar que su amigo está cortejando a su dama, en espera de confirmar la traición; don Juan no será tan paciente. Cuando don Diego se niega a entregarle la mitad del papel que venía en el guante que ambos han encontrado, don Juan le reta. Don Diego no está dispuesto a deshacerse del papel de su dama y acepta el reto para no ser tachado de cobarde. El duelo es interrumpido con la llegada de don Pedro, a quien ocultan la verdadera causa del enfrentamiento. Don Pedro interviene para evitar un innecesario derramamiento de sangre entre dos jóvenes que son casi de su familia: don Diego es su futuro yerno y don Juan es hijo de un viejo amigo. Pero sin embargo, don Pedro se cuida de asegurar que su presencia ha sido circunstancial, para no poner en entredicho la valentía de ninguno de los contendientes; pues si su intención hubiera sido detener el combate para librar de la contienda a una de las partes, supondría un detrimento de la honra y hombría del favorecido.

La valentía proviene y garantiza la nobleza, atributo indispensable en el galán. La sociedad española del XVII está fuertemente jerarquizada en base a los rangos nobiliarios y esto se proyecta en el teatro. El galán de la comedia para poder aspirar a ser aceptado por su amada debe poseer un título cuanto menos equivalente al de ella.

De la nobleza deriva ineludiblemente otra de las características del galán, su generosidad. Presuponemos que los galanes son ricos, aunque el dinero no es una preocupación de los protagonistas del teatro, menos aún en las obras de Moreto. Tras la muerte de su hermano mayor, don Diego abandona su carrera militar en Flandes y se dirige a Madrid para hacerse cargo del mayorazgo, es decir, cuidar del patrimonio familiar. La ideología aristocrática española ha menospreciado tradicionalmente el trabajo, sobretodo el manual, que estaba vedado a los nobles. Mientras que los países protestantes verán la riqueza como premio a la laboriosidad, en España enriquecerse trabajando carecía de reconocimiento social y levantaba las sospechas de ser cristiano viejo, pues tradicionalmente prosperar económicamente a través del esfuerzo personal era visto como algo propio de judíos. Las grandes fortunas nobiliarias se forjaron en la Edad Media mediante la guerra y conquista de territorio, únicos modos honorables de aumentar sus posesiones para un cristiano viejo. Resulta por tanto lógico que el galán de las comedias de capa y espada no tenga nunca oficio conocido y que en el pasado haya sido soldado o estudiante.

En una sociedad como la española que, al menos teóricamente, valora la austeridad, la ostentación de riqueza a través del lujo personal no resulta oportuna. Por ello los galanes sólo harán gala de sus posesiones mediante regalos, es decir, al desprenderse libremente de sus bienes demuestran tanto su potencial económico como su desprecio hacia todo lo material. Desde *La Celestina* y a través de todo el teatro del Siglo de Oro, se repite el tópico del criado que se aprovecha del amo enamorado para obtener un beneficio económico. El gracioso, siempre preocupado por asuntos más terrenales, descubre pronto lo lucrativo de llevar y traer mensajes y regalos entre los enamorados y explota hasta la saciedad el recurso de pedir albricias por sus servicios. Al igual que Calisto en la obra de Francisco de Rojas, don Diego y don Juan, ajenos al valor del dinero, se complacen en pagar generosamente a un criado que trae cualquier noticia de la amada.

El siglo XVII marca el apogeo de la obsesión nacional por la limpieza de sangre, pero también del crecimiento espectacular de Madrid, sede estable de la Corte, y con él el desarrollo de una nueva economía urbana. De acuerdo a Díez Borque la población de la capital pasó de tener 4.500 habitantes en 1530 a más de 180.000 en 1630 (*Sociedad* 119). Madrid atrae a emigrantes de todo el país, quienes establecen nuevos negocios y en ocasiones logran enriquecerse. El poder económico no está ya sólo en manos de la nobleza de sangre, sino también de una creciente, aunque pequeña, burguesía, que sin embargo carece de un sentimiento de grupo y valoración de su modo de vida basado en el trabajo. Muy al contrario su deseo es el emplear su riqueza para medrar, no económica sino socialmente, penetrando en las bajas esferas de la aristocracia y dejando inmediatamente después de trabajar. Ante la amenaza que supone el aumento del poder de la burguesía, la nobleza pretende seguir manteniendo su posición predominante en la sociedad y lo hace aumentando la importancia de aquello que les hace únicos: su sangre.

Los estatutos de limpieza de sangre se extendieron a todas las áreas de la vida y en el área profesional el trabajo manual fue considerado señal indiscutible de ser cristiano nuevo. Ni don Pedro, ni don Diego, ni don Juan tienen oficio alguno, suponemos que viven de las rentas, lo que para el espectador del XVII hace imaginar inmediatamente que son nobles. La figura del hidalgo venido a menos, que tanto cautivó al género de la novela picaresca, no interesa al teatro, más preocupado por presentar una sociedad perfecta donde los nobles siempre tienen dinero. La nobleza, para poder mantener su posición privilegiada, se esfuerza por presentar la imagen de un estratificación social que no es arbitraria, sino natural.

En la vida real la férrea vigilancia de los estatutos no impide que se vaya produciendo una permeabilidad cada vez mayor entre la alta burguesía enriquecida y la baja nobleza empobrecida. El dinero proveniente del trabajo comienza a comprar títulos nobiliarios y miembros de casas de antiguo abolengo venidas a menos se ven forzados a entrar en un nuevo mercado económico. La comedia retrata sin embargo una estructura social idílica en que cada miembro desarrolla las actividades propias de su condición y donde los transgresores son castigados.

Tres son los principios que mueven al galán: amor, honor y celos, y los tres entran continuamente en conflicto. *Los engaños de un engaño* es, en esencia, una comedia de enredo, no un drama de honor, por lo que el meollo del conflicto reside en los celos y es a través de ellos que el honor se siente afectado. Los celos, que en Moreto nunca provienen de la infidelidad sino de un malentendido, son el único problema al que se enfrentan los enamorados, pues a lo largo de todo el texto el amor entre las dos parejas es recíproco y no hay ningún impedimento externo para que se realicen los matrimonios. El padre, que en múltiples comedias constituye el principal obstáculo para la felicidad de los amantes, bendice en este caso desde el principio la relación de don Diego con doña Blanca y está dispuesto a casar a doña Elvira en cuanto aparezca un candidato apropiado, que perfectamente puede ser don Juan, pues es el hijo del mejor amigo de don Pedro.

La pasión amorosa del galán está sujeta a las convenciones sociales y al código del honor. En el galán la finalidad de su amor es siempre el matrimonio, y no la consumación física. Cuando un galán busca sólo sexo, se convierte en un antihéroe y es castigado por sus pecados, como ocurre con don Juan en *El burlador de Sevilla*. Las locuras derivadas de la pasión son legítimas en cuanto a que persiguen un casamiento que da y perpetúa la honra de los contrayentes y del padre de la dama. Cuando en la oposición amor-honor es imposible alcanzar una solución que satisfaga ambos requisitos, la balanza se inclina siempre del lado del honor. Aunque en las comedias de capa y espada normalmente se logra el equilibrio mediante el matrimonio, si el galán siente en algún instante que deberá elegir entre amor y honor, optará siempre por éste último.

Puesto que amor y honor están enlazados, la aparición de los celos hace peligrar a ambos por igual y la venganza ante una posible infidelidad debe responder al menoscabo sufrido en las dos facetas. Cuando don Diego escucha por primera vez que don Juan está enamorado de una de las hijas de don Pedro Osorio, surgen inmediatamente los celos, que don Diego experimenta como un ataque directo a su relación sentimental y a su honor personal. La venganza ante una posible infidelidad deberá responder por tanto al menoscabo sufrido contra amor y honor, e infligir un castigo que incluya a todas las partes implicadas. En una sociedad que considera a la mujer una pertenencia, el adulterio requiere el castigo tanto de la mujer infiel como del amante, quien se ha apropiado indebidamente de un bien ajeno.[7]

La relación entre don Juan y don Diego está basada desde un principio en la amistad, que se ve puesta en peligro al surgir una rivalidad entre ellos. En el teatro la nobleza requiere el respeto y apoyo entre iguales, aun cuando éstos no se conozcan, lo que contribuye a afianzar el sentimiento de grupo. En *Los engaños de un engaño* la amistad previa entre los dos galanes es un recurso que permite crear una mayor tensión en su enfrentamiento. La posibilidad de que la amada esté siendo cortejada por otro galán implica una traición que afecta no sólo al plano del amor y la honra, sino también a la obligación de la amistad.

El análisis de los galanes nos lleva a una conclusión semejante a la que obteníamos al hablar de las damas. Don Diego y don Juan reúnen todas las características propias de los galanes de las comedias de capa y espada y ningún rasgo particular que les haga diferenciarse de los protagonistas de otros textos. La única salvedad puede encontrarse en la facilidad de don Juan para fabricar mentiras. Don Juan no es en ningún momento un mentiroso compulsivo, como don García en *La verdad sospechosa*, y sus mentiras, por otro lado no demasiado frecuentes, no constituyen un rasgo definitorio de su personalidad y ocupan una posición semejante a la insinceridad y ocultamiento de las damas.

---

[7] Puesto que el matrimonio es un sacramento religioso y una institución básica del organigrama social, si el adulterio era consentido, el marido era también castigado por la justicia.

Graciosos: Galón y Polilla

Uno de los aspectos que más ha llamado la atención de la crítica con respecto a Moreto son sus criados.[8] En la mayoría de sus obras, Moreto otorga una gran relevancia a los criados dentro de la acción, convirtiéndolos en ocasiones en parte indispensable de la misma y no en meros acompañantes de los amos. En *Los engaños de un engaño* Galón y Pasamano ocupan un espacio considerable, pero su intervención no es aún esencial al desarrollo de la trama. Con el tiempo Moreto evolucionará otorgando a sus graciosos el papel de «eje mismo de la comedia», como lo describe Alborg[9], sin embargo en sus primeras composiciones los criados tienden más bien a formar parte de una trama secundaria, al estilo de Lope.

Los graciosos de Moreto reproducen las características que de José Prades considera básicas para este personaje-tipo:

> El Gracioso es un *criado fiel* del galán, que secunda todas sus iniciativas, *consejero sagaz*, pleno de gracias y *donaires*, solícito buscador de dádivas generosas y de la vida regalada (*codicioso, glotón* y *dormilón*), cauto en los peligros hasta la *cobardía, desamorado; lacayo, soldado* o *estudiante*, según las actividades de su señor. (251)

Frente a la ideología aristocratizante del resto de personajes, el gracioso aporta una visión del mundo lúdica y carnavalesca.[10] Para ellos no hay honor que velar, su vida

---

[8] Para más información sobre los graciosos en Moreto véase: Frances B. Exum, ed. *Essays on comedy and the gracioso in plays by Agustín Moreto*. York, S.C.: Spanish Literature Publications Co., 1986.

[9] En Juan Luis Alborg. *Historia de la literatura española. Época barroca*. Madrid: Gredos, 1966.

[10] Sobre los aspectos carnavalescos en el teatro de Moreto véase: Jorge Luis Castillo: «La lengua del gracioso y el mundo del carnaval en *El desdén, con el desdén*.» *Bulletin of the Comediantes* 46. 1 (1994 Summer): 7-20, y Janet B. Norden: «Moreto's Polilla and the Spirit of Carnival.» *Hispania* 68.2 (1985 May): 236-41.

no se dirige a la consecución de un bien supremo, sino a la satisfacción hedónica de sus sentidos. Al gracioso le importan tres cosas fundamentalmente: comer, dormir y el dinero, y en ocasiones satisfacer sus necesidades sexuales, pero sin que el amor entre nunca a formar parte del asunto. De estos cuatro vicios genéricos Galón y Pasamano sólo se dejan llevar por dos: riqueza y sueño.

El criado está constituido en oposición al galán, sus vicios revierten en clave cómica los valores de éste. Si el galán es noble, el criado es plebeyo, si el galán es generoso y austero, el criado es codicioso y glotón, si el galán es valiente, el criado es cobarde, si el galán es un eterno enamorado, el criado es desamorado. Don Juan y don Diego encarnan el lado espiritual del hombre, se mueven por ideales, no por instintos, incluso el amor es en ellos una idea abstracta de la que se ha eliminado todo atisbo de carnalidad. Los graciosos representan por el contrario lo carnal, los instintos más básicos: comer, dormir y hacer el amor. Son los representantes del caos carnavalesco, del *carpe diem*, en un mundo férreamente dirigido por las leyes del honor. La comedia presenta dos modos opuestos de concepción de la vida que aparentemente no se comprenden entre sí y que sin embargo están intrínsecamente ligados. En múltiples casos es la intervención de la lógica pragmática del gracioso la que permite desarrollar un plan que facilite la realización de los amores idílicos de los personajes. Amores que necesariamente dejarán de ser platónicos y pasarán a ser carnales con el matrimonio que cierra la comedia.

La fidelidad al amo es un componente más de la perfecta sociedad que dibuja la comedia y, aunque refleja aún la idea de un sirviente que permanece leal a su señor de por vida, la lealtad no es gratuita, sino que espera a cambio el pago de los servicios prestados. El siglo XV había marcado un punto de inflexión en el cambio de las estructuras sociales españolas, que se ve reflejado especialmente en la modificación de la relación amo-criado. En el Antiguo Régimen ambos estratos estaban conectados mediante el vasallaje: el señor ofrecía protección y el siervo juraba fidelidad; no existía un contrato económico entre las partes. Se establecía así un pacto de lealtad que duraba de por vida y que implicaba incluso a las futuras generaciones. Una vez concluída la Reconquista los nobles pierden su principal función social, la defensa, y los sirvientes se transformaron en hombres libres; aunque en esencia las labores que desempeñan no varían sustancialmente, ya no están adscritos a un determinado señor. A partir de entonces no trabajan por fidelidad, sino por dinero. *La Celestina* supone el mejor ejemplo literario de esta transformación social y del impacto que lo económico tiene en la mentalidad de la época.

Los engaños de un engaño refleja una sociedad que quiere hacerse pasar por contemporánea, pero que en realidad defiende unos usos y costumbres más propios del Antiguo Régimen, que del Madrid de mediados del XVII. El teatro salvaguarda una ideología conservadora que pretende mantener una vida señorial y monárquica que en realidad está a punto de extinguirse. Es una sociedad que, a pesar de su anacronismo, debe conseguir la identificación del público para poder transmitir su mensaje; y para lograrlo se esfuerza en mantener un difícil equilibrio entre la moral y virtudes del feudalismo y las costumbres del presente.

La figura del criado juega en este aspecto un papel fundamental, pues aúna en su actitud los dos modos de relación amo-criado: la feudal y la del Nuevo Régimen. Como explica Wardropper:

> The medieval criado, 'brought up' in his master's household and a trusted member of the family, had given away in *Celestina* to the salaried employee, ready to deceive and exploit his master in any way he could. Lope restores the medieval sense of trust between master and man, although Lope's servants may on occasion tremble, and even flee at the first sign of danger, deserting their masters. Moreto's servants, not content with merely giving advice, take on a leadership role. (68) [11]

Galón y Pasamano son criados fieles, pero no por ello cesan de intentar obtener el máximo provecho económico de sus servicios. Sus amos, aunque no dudan de la lealtad de sus siervos, se esfuerzan por mantenerlos contentos mediante continuas dádivas. Así, cuando al final de la comedia don Juan y don Diego están a punto de matarse, Galón, sin que nadie se lo pida y sin esperar pago alguno, corre a casa de don Pedro para obtener ayuda. Galón intenta obtener albricias cuando actúa de correveidile en asuntos amorosos, pero cuando la vida de su amo está en peligro, su fidelidad le lleva a actuar desinteresadamente.

El criado ciertamente se aprovecha económicamente de su amo y en ocasiones se burla de él, pero nunca le traiciona. Para el amo el criado es el confidente a quien puede fiar todos sus secretos con la seguridad de que nunca le

---

[11] En Bruce W. Wardropper. «A 'Last Word': The Spanish Terence.» En *Essays on comedy and the gracioso in plays by Agustín Moreto*. Ed. Frances B. Exum. York, S.C.: Spanish Literature Publications Co., 1986. 65-8.

fallará. Es curioso que en un sistema fuertemente jerarquizado en el que se busca la perpetuación de la diferencia de clases, el único tipo de amistad que nunca queda puesta en entredicho es el que se da entre los miembros de clases diferentes: galán-gracioso y dama-criada. Esto es debido a que el antagonismo y enfrentamiento es sólo posible entre personas del mismo nivel, ya sean dos nobles o dos sirvientes. Amos y criados ocupan en el escalafón social espacios diferentes que al mismo tiempo se sustentan mutuamente, por lo que nunca entran en conflicto.

Aunque los criados nunca dejan de ser fieles a sus amos, a veces sus vicios les pueden y no hacen todo lo posible por cumplir con su misión. Don Juan solicita de Pasamano que averigüe el nombre de su amada y él, aunque no consigue una respuesta clara, dirá a su amo que se llama doña Blanca, origen de todo el malentendido, para lograr cobrar su recompensa. Igualmente Galón sucumbirá al sueño en la tercera jornada en lugar de guardar las espaldas a don Diego como éste se lo había solicitado.

El gracioso es una figura que hereda elementos del bufón carnavalesco. Él también es un consejero, y sus consejos están basados en una concepción carnal y pragmática de la vida, que se opone al idealismo del amo. Los galanes tienen una visión idealizada del amor y la mujer, basada en los tópicos de la poesía cancioneril. Los criados aplican sin embargo a su juicio todos los tópicos de la literatura misógina. Para ellos la mujer es ante todo avariciosa y no merece ningún respeto. El gracioso suele mostrar inclinación hacía la criada de la dama de su amo, pero esto nunca implica amor, al menos no en el sentido en que el amor es interpretado por los personajes nobles, sino simple atracción física. Por ello el gracioso raramente anhela casarse:

> Hay un aspecto, el amoroso, en el que el gracioso, deliberadamente, no quiere imitar a su señor. Tiene un concepto negativo del matrimonio que, para él, sólo comporta incomodidades y molestias. Así, aunque con frecuencia galantea a criadas, rehuye cualquier vislumbre de solución matrimonial, para lo cual le basta el recurso poderoso de sus burlas. (De José Prades 120)

En los últimos versos de la comedia, una vez que galanes y damas han solucionado sus diferencias, Galón desea que también a él se le haga justicia y que Pasamano le devuelva los doblones que le ha robado. Doña Elvira le propone: «Si das a Celia la mano, / doblados te los daré» (vv. 2768-9), pero ni siquiera la promesa de riqueza sirve para convencer a Galón: «Dame ahora los doblones, / y eso se verá después». (vv. 2770-1)

El galán, debido a su condición de noble, no podía mostrarse dominado por el afán económico, sin embargo, la codicia es el principal móvil de los criados y todos los personajes aceptan esta situación. No sólo los amos pagan a los criados por sus servicios, sino que también ellos saben que sólo el dinero les permitirá conseguir algo de sus semejantes. Si para Moreto la ostentación de riqueza es algo impensable en boca de un noble, el caso de los graciosos es el contrario, pues éstos se deleitan en la descripción de joyas y dinero. Galón, cuando está solo, se entretiene pensando en dinero y las cosas que con él podrá comprar.

La codicia desemboca comúnmente en robos entre

criados. A pesar de ser fiel al amo, el gracioso no es un amigo leal de sus iguales, a quienes a menudo engaña. Galón lleva la correspondencia de su amo y tal y como esperaba obtiene efectivamente una bolsa con doblones de doña Blanca. Aparece en ese momento Pasamano dispuesto a quedarse con el dinero: «Vos dejaréis la moneda / o no seré Pasamano» (vv. 265-6). Desde ese primer instante se marca la diferencia entre las personalidades de Galón y Pasamano. Mientras que don Diego y don Juan por un lado, y doña Blanca y doña Elvira por otro, apenas poseían rasgos distintivos, los graciosos sí están individualizados. Pasamano es el criado embaucador y embustero, capaz de engañar a cualquiera para robarle su bolsa. Galón es por el contrario un hombre simple a quien roban y pegan. Puede incluso decirse que Pasamano, al contrario que la mayoría de graciosos, no es cobarde, pues cuando ve a don Juan y don Diego peleando intenta acudir en su ayuda. Galón, por su parte, prefiere mantenerse al margen, aunque en presencia de su amo él también finja una valentía que no posee.

Del mismo modo que las ofensas que reciben lo galanes atacan a su bien más preciado, la honra, los criados se sentirán ultrajados al ser desposeídos de lo que más valoran, sus bienes materiales, hasta tal punto que cuando Galón descubre que Pasamano ha cambiado su bolsa de dinero por otra llena de carbones, inmediatamente decide tomar venganza, con una frase que bien pudiera haber aparecido en boca de un galán deshonrado: «Honor, ¿qué hay que hacer aquí? / ¿Sacaréle al campo? Sí» (vv. 566-7). Pero el que habla es un criado y el duelo que tendrá lugar será necesariamente un duelo burlesco.

Los duelos burlescos son un recurso empleado en varias comedias. La ingente proliferación de duelos en las tablas llevó a la aparición de escenas en que se ridiculizaba esta convención. Este tipo de duelos se encuentran principalmente en el género de la comedia burlesca, como por ejemplo en *El caballero de Olmedo* de Monteser (1651),[12] texto que se mofa de todos los elementos de un duelo: el reto, la búsqueda de lugar apropiado, la elección de armas y los testigos. Pero los duelos burlescos también pueden aparecer en comedias, como ocurre en *La dama duende* de Calderón, donde dos contendientes se enfrentan a oscuras limitándose a lanzar espadarazos al aire, o incluso en otros géneros, como en la novela picaresca *La vida y hechos de Estebanillo González* (1646)[13]. El propio Moreto hace uso del recurso de los duelos burlescos en su teatro breve, por ejemplo en el *Entremés del Cortacaras*.

Si, como dijimos anteriormente, el gracioso está construido como antítesis de su amo, el duelo, máximo exponente de la nobleza, bizarría, hombría y valor del galán, servirá para destacar lo contrario en los criados, especialmente su cobardía, por eso en todos los duelos burlescos los implicados se pelean de lejos, es decir, no llegan a rozarse. El duelo está en su esencia pensado como un enfrentamiento entre dos nobles, por lo que la mera idea de que dos plebeyos se batan resulta en sí misma absurda. Galón, al descubrir que ha sido engañado por Pasamano, piensa en vengarse, pero inmediatamente su cobardía le hace desistir del intento. Galón siente el robo como una ofensa a su honor que requiere venganza, pero como plebeyo Galón no tiene honor

---

12 Véase *Comedias burlescas del Siglo de Oro*. Madrid: Austral, 1999. 142-7.
13 Véase *La vida y hechos de Estebanillo González*. Madrid: Cátedra, 1990. Vol. I, 148-150.

que defender, por lo que no le merece la pena arriesgar su vida por una bolsa de doblones, así que lo piensa dos veces y decide vengarse mejor haciendo «una rapiña». Galón desecha la idea del duelo, pero en la segunda jornada éste se llevará a cabo, no como venganza, sino como voluntaria imitación del proceder de los galanes. Galón y Pasamano ven pelear a sus amos y deciden que ellos también deben hacerlo. Aunque no existe una causa para su enfrentamiento, los graciosos, parodiando el uso de los galanes, sienten que su honor no les permite dejar de pelear.

En este duelo burlesco no es el valor el vencedor, sino el ingenio. Galón aprovecha su cobardía y a la primera embestida de Pasamano se finge herido de muerte. Pasamano huye antes de que llegue la justicia dejando atrás su espada y capa, de las que Galón no duda en apropiarse. Horas más tarde Pasamano, quien tras pensar largo rato está seguro de que nunca hirió a Galón, encuentra a su enemigo confesando en sueños su engaño. Este recurso cómico es también común a la comedia burlesca. Por ejemplo, en *Darlo todo y no dar nada* de Lanini, Apeles conversa con Campaspe dormida y la despierta de un golpe.[14]

Independientemente de la función que cumplan dentro de la trama, la principal razón de ser del gracioso es hacer reír. Todas sus intervenciones están plagadas de chistes y juegos de palabras que rozan el absurdo y que en ocasiones desesperan a sus amos. La tensión y seriedad del conflicto en que se ven envueltos los galanes se disipa mediante la introducción de una broma por parte del gracioso en el momento más inoportuno. Los graciosos son incapaces de comprender la tensión emocional por la que

---

14   Véase. *Comedias burlescas del Siglo de Oro*. Madrid: Austral, 1999. 249-51.

atraviesan sus amos, por lo que para ellos cualquier instante es propicio para hacer una gracia.

Criada: Celia

Celia, al igual que el resto de las criadas del teatro, es el personaje más arquetípico y menos trascendente de la comedia. Celia es la criada de doña Elvira y doña Blanca, y su función se limita básicamente a llevar y traer mensajes amorosos entre sus amas y los galanes de éstas. Celia parece ser parte de *Los engaños de un engaño* únicamente porque así lo requiere el género. Su intrascendencia es puesta en evidencia en la escena final. Como es común a muchas comedias, todos los personajes tienen alguna excusa que les permite reunirse en el escenario para dar cierre a la representación. Cuando sin causa aparente Celia aparece momentos antes de concluirse la comedia, doña Blanca le pregunta extrañada: «Celia, ¿cómo estás aquí?» (v. 2757). De acuerdo al desarrollo de los acontecimientos resulta del todo inverosímil que alguien la haya avisado de lo que está ocurriendo. Celia responde eludiendo la pregunta: «Eso se sabrá después» (v. 2758), pero obviamente ese después nunca llega, ni nadie se interesa por saber la verdad, porque Celia no desempeña ninguna función esencial dentro de la trama y por tanto la resolución del conflicto no la incluye.

De acuerdo a de José Prades las características generales de una criada son las siguientes:

La Criada es *compañera adicta* de la dama, *encu-*

> *bridora* de sus asuntos amorosos [,] *consejera* astuta que recaba, a veces, la iniciativa de aquélla; hábil en las *tercerías* de amor; *inclinada a la persona del gracioso* con quien reproduce –en tono paródico– los amores de dama y galán; tan *codiciosa* e *interesada* como el gracioso. (251)

La presencia de Celia en el escenario es mínima. Sus funciones son además reducidas por la intervención de sus amas, ya que en la primera jornada doña Blanca decide hacerse pasar por una criada para acompañar a su hermana, pues aunque las criadas son siempre fieles a las damas es común que éstas no se fíen completamente de la calidad de sus servicios. Celia, aunque se la nombra antes, no aparece físicamente en escena hasta la segunda jornada. Como indiqué anteriormente, su principal obligación en la obra es la de traer y llevar misivas, pero en la práctica Celia no consigue que ninguna carta llegue a su destinatario.

Las criadas, como los graciosos, tienen una visión realista y pragmática de la vida que asombra a sus amas. Como indica de José Prades:

> la astucia de la criada, más experimentada que su señora, la convierte en su consejera habitual. Muchas de las iniciativas de la dama no tienen de suyas más que el nombre, ya que han sido inspiradas total o parcialmente por la criada. (126)

Celia, como ella misma expresa, forma parte de una tradición literaria de terceras y alcahuetas cuyo máximo exponente es Celestina.

Padre: don Pedro Osorio

Como hemos visto hasta aquí, los protagonistas de *Los engaños de un engaño* se acomodaban perfectamente al prototipo que representan, es decir, doña Blanca y doña Elvira actúan como es de esperar en las damas de una comedia de enredo, don Juan y don Diego como galanes, etc. Sin embargo la personalidad de don Pedro Osorio no se ajusta a las características generales apuntadas por la crítica como comunes al personaje-tipo del padre. Según de José Prades:

> El Padre es un anciano caballero, muy valeroso, pero sometido por la vida a un inflexible código de *honor* que le convierte en pesquisidor y juez de los actos de sus hijos, preferentemente de la hija, en quien más peligra el patrimonio del honor (251).

En cuanto a su caracterización externa no hay nada que diferencie a don Pedro del resto de padres teatrales, es un noble anciano preocupado por casar a sus hijas; su particularidad reside en su modo de actuar. Don Pedro, al igual que otros padres de Moreto, es un ser pusilánime que obra poniendo en peligro su honor y el de sus hijas y cuya conducta errónea nunca es criticada por el resto de los personajes.

La principal preocupación de un padre en la comedia es defender el honor de su hija, manteniendo su virginidad y buscándole un matrimonio adecuado, porque la mujer es siempre depositaria del honor el varón (ya sea padre o marido). Al iniciarse la comedia don Pedro tiene ya apalabrado el matrimonio de su hija mayor con don Diego y está dispuesto a encontrar un esposo óptimo también para doña Elvira. Don Pedro, como la mayoría de los padres, es autoritario y no presta ningún interés en conocer la voluntad de sus hijas o en preguntarles con quién quieren casarse. En la sociedad del XVII el peso de la opinión de la dama sobre quién debía ser su futuro esposo era casi nulo. Entre los nobles el matrimonio es un simple contrato social en el que el amor, tema central de la comedia, no es un elemento a ser tenido en cuenta.

Es común en el teatro que el padre, en su férreo intento de defender el honor familiar, se erija en obstáculo que dificulte los amores de los más jóvenes. Pero definitivamente éste no es el caso de *Los engaños de un engaño*,[15] pues don Pedro no llega a suponer un inconveniente, ya que incluso cuando descubre a don Juan y don Diego en su jardín no pone ningún impedimento para que se casen con sus hijas. El conflicto de la comedia no recae en la oposición paterna, ni depende de su opinión, sino que surge de un malentendido entre los amantes y son ellos quienes entran y salen del problema por sí mismos.

Don Pedro no se muestra muy hábil en el cumplimiento de su principal tarea como padre: la defensa de la honra de sus hijas y consecuentemente la suya propia. Don Pedro tampoco posee el segundo atributo considerado como básico en la caracterización del personaje-tipo del padre según de José Prades: la valentía.

> Todos los ancianos caballeros tienen el valor físico y a veces la combatividad de un joven galán. La mayoría de ellos han sido soldados en su juventud

---

15 *Los engaños de un engaño* no encarna en este particular una excepción en la producción moretiana. En textos como *La confusión de un jardín* o *El desdén, con el desdén* los padres también aceptan sin problemas a los pretendientes de sus hijas.

> ya aún conservan la arrogancia de sus costumbres militares (...) El valor se acrecienta hasta sus límites máximos cuando el padre experimenta las dos desgracias mayores que pueden acaecerle: la muerte violenta de un hijo o la presunta pérdida de honor de una hija. (De José Prades 131)

Nada sabemos de un valeroso pasado de don Pedro como soldado y su actitud no puede ser descrita como arrogante. En cuanto a su presente, tampoco realiza grandes pruebas de valentía, a pesar de que su honor es directamente atacado al sufrir «las dos desgracias mayores que pueden acaecerle».

Analicemos a modo de ejemplo lo que ocurre cuando don Pedro experimenta una de estas desgracias: el asesinato de su hijo, el cual no tiene lugar en el tiempo representado en la comedia, sino un año antes. Don Diego, en el relato que de sus aventuras hace a don Juan, nos da cuenta de este suceso, al que no alude ningún otro personaje. Don Diego estaba cortejando a doña Blanca por el balcón cuando el hijo de don Pedro, al verlo, salió en defensa de su hermana y don Diego le mató. Es decir, la primera vez que el honor de la familia fue puesto en peligro, no fue el padre, sino el hermano, quien salió en defensa del prestigio familiar, resultando muerto en el enfrentamiento. Don Pedro no persigue a don Diego para vengarse del doble agravio perpetrado contra su casa, sino que éste último huye a Portugal y sólo regresará a Madrid tras recibir la noticia de que doña Blanca le aceptaba como esposo. Don Pedro no busca venganza por la muerte del hijo y además entrega en matrimonio a la hija mayor al asesino de su primogénito. Entregar en matrimonio a la hija que ha sido descubierta con un varón no es extraño, de hecho la honra de una mujer violada podía restaurarse mediante un matrimonio con el violador. Lo que no resulta lógico es que don Pedro no forzase a don Diego a casarse inmediatamente y que tardase un año en enviar la carta.

Padres negligentes pueden encontrarse muchos en el teatro del Siglo de Oro, en *La verdad sospechosa* o *El desdén, con el desdén*, sin ir más lejos, y sobre todo dentro de la obra de Moreto. Lo que llama la atención en *Los engaños de un engaño* es que su inapropiado proceder no sea criticado ni revierta negativamente en el desarrollo de los hechos. Moreto no critica al padre inepto ni los valores tradicionales que éste representa, y que son la base ideológica de la comedia nueva, sino que plantea una variante formal para la presentación de las mismas ideas. Puesto que los anhelos de los jóvenes son justos y se dirigen a un fin honorable, Moreto, siempre lógico, no halla motivo para que el padre se erija en obstáculo de los acontecimientos. Si el padre no sabe velar por su propia honra, hijas y futuros yernos se las arreglarán para dejar alto el nombre de la familia sin necesidad de atacar al padre.

Género: comedia de capa y espada

La clasificación genérica del teatro barroco es uno de los problemas que, a pesar de importantes esfuerzos, aún no ha sido resuelto. Entre los más relevantes intentos de clasificar la producción de Moreto destacan los de Luis Fernández Guerra y Orbe y Ruth Lee Kennedy, aunque ninguno de ellos puede considerarse definitivo. Afortunadamente el texto que aquí nos ocupa pertenece a uno de los pocos géneros claramente delimitados: la comedia de capa y espada. La crítica acepta hoy ampliamente la existencia de esta variante de la comedia de enredo, sobre lo que no hay consenso es sobre las características y trascendencia de este tipo de obras. Se presenta a continuación una revisión de las ideas de Bruce W. Wardropper e Ignacio Arellano, quienes plantean dos aproximaciones muy diferentes que pueden favorecer la comprensión de *Los engaños de un engaño*.

De acuerdo a Wardropper la comedia de capa y espada hereda el argumento de la Comedia Nueva de Menandro y Terencio y lo aplica al Madrid del XVII. Se trata de un género eminentemente urbano necesariamente distinto a los dramas rurales por estar protagonizado por unos personajes que viven de acuerdo a unos valores diferentes, según este crítico valores burgueses. Wardropper adopta como punto de partida una concepción de la sociedad del Madrid del XVII que se aleja bastante de la realidad de la época. En primer lugar resulta insostenible considerar a los habitantes de la Corte como una sociedad homogénea, pues en Madrid, más que en ningún otro lugar del país, se reunían personas de las más diversas condiciones. No cabe duda que todos los habitantes de la capital son burgueses, es decir, habitantes de un burgo, pero esto no implica que lo sean en el sentido moderno de la palabra, pues hablar de la burguesía como la clase predominante de la ciudad no se corresponde ni a la realidad histórica, ni a la ficción teatral. Además, como hemos visto al hablar de los personajes de la comedia, estos se definen a sí mismos de acuerdo a su posición en una jerarquía estamental, no de clases. Galanes, damas y padre son nobles y para ellos el honor y los valores aristocráticos, no sólo el amor, son guía de su proceder.

Wardropper propone concebir la comedia como una manifestación de una individualidad que aspira a prescindir de las normas sociales. Sin duda la trama de las comedias de capa y espada es una trama doméstica, que habla de una relación amorosa privada, pero debe tenerse en cuenta que los personajes, más que individuos particulares, son representantes de un tipo y una clase social y como tal actúan. El enredo particular es controlado por unas convenciones y una ideología aristocrática que convierte a don Juan, don Diego, doña Blanca o doña Elvira en arquetipos del caballero y la dama.

Wardropper, al considerar a los protagonistas burgueses, no puede presentar el honor como tema básico del género ni motor de la acción, sino que para él el núcleo argumental se encuentra en el amor y el dinero, los cuales encuentra incompatibles en una sociedad burguesa. Otros críticos, como Felipe B. Pedraza y Milagros Rodríguez Cáceres, sostienen una posición diametralmente opuesta a la de Wardropper sosteniendo que ni la burguesía como clase, ni su preocupación por el dinero, aparecen representadas en el teatro barroco. [16]

Lo cierto es que en la mayoría de las comedias, y *Los engaños de un engaño* nos brinda un excepcional ejemplo, la riqueza no tiene influencia alguna con el conflicto. La clave del error interpretativo de Wardropper recae en que

---

16 En Pedraza, Felipe B. y Milagros Rodríguez Cáceres. *Barroco. Teatro. Vol. IV de Manual de literatura española.* Tafalla, Navarra: Cénlit Ediciones, 1980.

otorga a las figuras del galán y la dama un carácter siempre materialista, rasgo que sólo puede considerarse propio del galán, o a veces la dama, antihéroe. Muy al contrario, el galán y la dama virtuosos son siempre generosos y despreocupados de su riqueza. Los personajes materialistas son presentados como seres negativos que: o bien son castigados por su avaricia, como el protagonista de *El lindo don Diego* de Moreto, quien intenta casarse con una mujer de una clase superior a la suya y acaba descubriendo que se trata en realidad de una criada, o abandonan sus defectos para reintegrarse en la sociedad por medio del matrimonio, como ocurre en *El sembrar en buena tierra* de Lope de Vega.

La clave interpretativa de la comedia se encuentra, bajo mi punto de vista, en la búsqueda del difícil equilibrio entre el amor (representante del deseo individual) y el honor (las reglas impuestas por la sociedad), puestos ambos a prueba mediante el mecanismo de los celos. Para Wardropper en esta dicotomía siempre vence el amor. Pero lo cierto es que en las comedias de capa y espada se logra un balance mediante el matrimonio, lo no debe ser interpretado como un triunfo del individualismo amoroso sobre la sociedad, sino como la culminación de un proceso en el que el individuo, mediante la satisfacción de sus deseos, reafirma su pertenencia al régimen establecido. Por eso, no sólo en las tragedias, sino también en las comedias, cuando un personaje se ve obligado a elegir entre el amor y el honor, opta siempre por el segundo. Si, como defiende Wardropper, el amor se situase en la comedia como un valor superior al honor, encontraríamos ejemplos de textos que concluyesen en matrimonios basados exclusivamente en el amor y contrarios a la honra. Pero esto no es así. Cuando amor y honor son irreconciliables, la acción desemboca necesariamente en tragedia y los amores socialmente inaceptables son castigados, como por ejemplo en *El castigo sin venganza* de Lope de Vega.

Un punto de vista muy distinto, y más acertado que el de Wardropper, lo proporciona Ignacio Arellano quien, partiendo de las definiciones que del género de la comedia de capa y espada se dan ya en el XVII, considera el amor y el ingenio los elementos esenciales. A estos dos principios añade otros rasgos: adaptación a las unidades de tiempo y lugar, empleo de la recapitulación, verosimilitud y decoro, y sentido lúdico. [17]

La crítica ha destacado que el teatro barroco español no se adecua a la regla aristotélica de tiempo, pero Arellano constata que esta percepción es errónea. *La confusión de un jardín* de Moreto constituye posiblemente el ejemplo más importante de sometimiento a la norma. En esta comedia el tiempo de la acción y el de la representación son el mismo y toda la trama trascurre en un mismo lugar. En el caso de *Los engaños de un engaño* la comedia abarca aproximadamente dos días. La primera jornada empieza poco después de las ocho de la mañana, hora en la que don Diego llega a Madrid, y concluye cuando «Ya va cerrando la noche» (v. 919). La segunda abarca la mañana y tarde del segundo día, y la tercera la madrugada y primeras horas del día siguiente.

La finalidad del respeto de las unidades clásicas era lograr verosimilitud, sin embargo, según Arellano, en las comedias de capa y espada el efecto perseguido es el opuesto:

---

17   En Ignacio Arellano. «Convenciones y rasgos genéricos en la comedia de capa y espada.» *Cuadernos de teatro clásico* 1 (1988): 27-49.

> Y tal unidad persigue, a mi juicio, un efecto contrario al de la preceptiva clasicista, es decir, persigue un efecto de inverosimilitud ingeniosa y sorprendente, capaz de provocar la admiración y suspensión del auditorio. En otras palabras, la unidad de tiempo no puede desligarse de la construcción laberíntica de la trama ingeniosa ni de la acumulación de enredos cuyos efectos potencia. (32)

Al comprimir la acción en un espacio temporal mínimo, forzando la verosimilitud al límite, la comedia es capaz de aumentar la sensación de confusión y enredo. No hay nada en *Los engaños de un engaño* que sea imposible, lo inverosímil es la acumulación ingente de malentendidos y confusiones de identidad en tan escaso tiempo. El autor de las comedias de capa y espada busca condensar al máximo un sin número de peripecias que mantienen al espectador en vilo. El héroe cuenta con apenas unas horas para evitar una tragedia, en ese breve transcurso temporal se enfrenta a múltiples imprevistos que le alejan cada vez más de su propósito y, sólo cuando el plazo está a punto de expirar, consigue su cometido.

A pesar de la acumulación de anécdotas, el plazo de dos días no es suficiente para incluir de modo coherente el proceso completo de enamoramiento, galanteo y boda, tal y como ya en su día notó Tirso de Molina en este fragmento que reproduce Arellano.

> Porque si aquellos [los antiguos] establecieron que una comedia no representase sino la acción que moralmente puede suceder en veinte y cuatro horas ¿cuánto mayor inconveniente será que en tan breve tiempo un galán discreto se enamore de una

> dama cuerda, la solicite, regale y festeje, y que sin pasar siquiera un día la obligue y disponga de suerte sus amores que comenzando a pretenderla por la mañana se case con ella a la noche? (31)

La solución que la mayoría de autores ofrecen a este conflicto temporal es la recapitulación, mediante la cual se evita llevar a escena el proceso completo de galanteo. Las comedias comienzan, casi siempre, *in medias res* y durante las primeras escenas resumen lo ocurrido en el tiempo inmediatamente anterior. En *Los engaños de un engaño* el encuentro de don Diego y don Juan tras un año de separación permite la narración condensada de los acontecimientos que sirven de preámbulo al núcleo del enredo de la trama. Según Arellano, en las comedias de capa y espada a la función básica de la recapitulación, resumir lo que ha ocurrido fuera del escenario, se le suma otra, lo que él llama la función ponderativa, cuya finalidad es demostrar el ingenio e inventiva de la obra. Esto se observa principalmente en la tercera jornada. En el encuentro final de los dos galanes y las dos damas en casa de don Diego se repasan todos los acontecimientos de la comedia, poniendo en evidencia el grado de elaboración del enredo, que llega hasta tal punto que, aún después de percatarse del malentendido de los nombres, los personajes se ven obligados a desentrañar paso por paso todo lo ocurrido en los últimos dos días. Ante tanta confusión, a don Pedro no le queda más que exclamar: «¡Válgame Dios! ¡Qué tropel / de engaños!» (vv. 2698-9).

Ignacio Arellano prosigue su teoría de que la comedia de capa y espada es un género inverosímil destacando los convencionalismos del género: «llegada imprevista del padre o hermano que sorprende a los amantes, el esconderse el galán, el trueque de nombre o identidades, los apartes, la confusión provocada por los mantos en las tapadas, los disfraces varoniles, etc.» (36). Nótese que, a excepción del disfraz varonil, hay ejemplos de todos estos procedimientos en *Los engaños de un engaño*. El dramaturgo barroco no busca una verosimilitud férrea, como muestran los continuos guiños del gracioso al público, sino la creación de un universo que funciona de acuerdo a los convencionalismos de género, no de acuerdo a las leyes de la realidad. El espectador acepta como lógico, por ejemplo, que el galán converse a través de la reja sin darse cuenta de que interlocutora no es su dama, sino la hermana de ésta.

Arellano presenta como empresa última de la comedia de capa y espada el entretener. Sin duda la finalidad inmediata de los corrales era ésta y el teatro cumplía con sus propósitos, pues los espectadores acudían en masa a presenciar representaciones que semana tras semana repetían las mismas convenciones. El espectador no se preguntaba si al final el galán y la dama se casarían, sino hasta qué punto el autor podía retorcer el enredo antes de que se produjese el matrimonio. Esta proyección lúdica no elimina la existencia de una ideología y la defensa de unos valores que sutilmente son presentados al público como absolutos. En la comedia de capa y espada varían los chistes y las peripecias, pero no el mensaje: al final siempre triunfan los buenos; y en este género los buenos son siempre galanes nobles y virtuosos que se quieren casar con damas igualmente nobles y virtuosas.

Otro rasgo apuntado por Arellano y que debe ser tenido en cuenta es la inserción en la coetaneidad, conseguida mediante marcas geográficas, cronológicas y onomásticas. En cuanto a la actualidad de los hechos, narrados ya quedó comentado a propósito de la fecha de composición de *Los engaños de un engaño* cómo a través de la alusión a dos eventos históricos se enmarcan las peripecias de los protagonistas en el ahora de los espectadores. En cuanto al espacio, la acción de *Los engaños de un engaño* transcurre en lo que hoy conocemos como el barrio de Huertas de Madrid, centro neurálgico de la actividad literaria del XVII. Lugar en el que se encontraban los dos teatros de la Corte: el del Príncipe y el de la Cruz, y donde tuvieron su residencia Lope de Vega, Quevedo o Cervantes. Hay alusiones a la calle de Huertas, el mentidero de San Felipe, el convento de San Jerónimo, el Paseo del Prado, la Iglesia de los frailes Capuchinos, el Hospital de la Caridad o la calle de Santiago. Las increíbles aventuras de los personajes de las comedias de capa y espada tienen a menudo lugar en las calles aledañas al teatro en donde se están representando.

Lenguaje y estilo

Moreto no es un autor que destaque por tener un lenguaje brillante. Su estilo es correcto, dominado siempre por el decoro y libre de estridencias. La complicación formal que muchos autores emplean como modo básico de expresión en el Barroco no interesa a Moreto. Moreto critica y evita el culteranismo mostrándose más proclive al conceptismo, aunque sin cometer nunca excesos. Su estilo podría ser definido principalmente como armónico.

Moreto se esfuerza por mantener el orden en todos los niveles, lo que lleva a sus personajes a justificar cada uno de sus actos. Los diálogos se ven a menudo interrumpidos por apartes en los que los personajes meditan sobre sus actos y palabras. Para Moreto tan importantes como las decisiones y los actos son los pensamientos que llevan a ellos; está preocupado por mostrarnos no sólo lo que hacen los personajes, sino el por qué lo hacen. Incluso los graciosos meditan a cada paso que dan y, aunque sus monólogos son más caóticos, se observa en ellos una lógica semejante a la de sus amos. Tras el duelo burlesco, Pasamano en un primer momento cree haber dejado a Galón muerto en la calle, pues éste cayó pidiendo confesión, pero cuando está solo se da cuenta de que eso es imposible.

>   Solo estoy. Discurrir quiero,
>   aunque me he quedado *en albis*,
>   si quedó muerto Galón
>   de la estocada. Dislate
>   me parece, porque aún dudo
>   que a la ropa le tocase
>   mi espada con el temor.
>   Mas las del Perrillo y Juanes
>   suelen morder desde lejos.
>   Si bien es justo me espante,
>   que siendo ésta allí doncella,
>   fuese amiga de hacer carne.
>   Si se murió, fue del susto,
>   que siempre los hombres grandes,
>   cuando sacamos la espada,
>   no la sacamos en balde. (vv. 1916-31)

El estilo excesivamente lógico de Moreto evita la aparición de pasajes plenamente líricos. Que la producción de Moreto no incluya mayor porcentaje de elementos poéticos no debe ser visto y juzgado como un menoscabo a la calidad dramática, sino como la elección voluntaria de un autor más preocupado por la claridad que por las florituras lingüísticas. Aunque escasas, pueden encontrarse en *Los engaños de un engaño* digresiones poéticas en las que los protagonistas hablan de su amor. Se trata de pasajes elaborados a partir de las premisas temáticas y formales de la poesía cancioneril del XV. Destaca principalmente la comparación de los sentimientos del amante a fenómenos de la naturaleza. Algunos de estos símiles son tópicos, como el del corazón del amante que se derrite en presencia de la amada al igual que la mariposa que se acerca a una llama y se quema (vv. 156-69), o la igualación de la belleza de la amada a la llegada de la primavera (vv. 315-44), o la imagen del amor como una jaula en la que cae prisionero un pájaro (vv. 601-13). Otros son menos comunes: el amor es una planta que sólo crece si se la riega continuamente (vv. 946-69); el amor si se divide pierde fuerza, como el agua de un río (vv. 1498-1517); el amante desdeñoso es como una serpiente que chupa la flor, la marchita y luego escupe veneno (vv. 1617-45); etc.

La mayor complicación formal, tanto para la escenografía como en el plano lingüístico, se encuentra en el pasaje del jardín, cuando los cuatro jóvenes hablan de dos en dos fingiendo ser quien no son. El escenario proyecta dos diálogos paralelos entremezclando las palabras de unos y otros con sus apartes, de tal modo que cada respuesta sirve tanto para contestar a la pregunta que directamente se solicita, como para completar un significado totalitario que se extrae al escuchar alternativamente las dos conversaciones. A esto debe añadirse una total simetría en las intervenciones de los cuatro interlocutores de acuerdo a la métrica.

Es en el lenguaje de los graciosos donde Moreto logra sus mejores versos, a través de ingeniosos juegos de palabras o chistes de contenido sexual y escatológico. El decoro exige que cada personaje hable de acuerdo a su posición, pues se considera igualmente inapropiado tanto que un criado se exprese con propiedad y elegancia, como que un noble haga cierto tipo de chistes. Si galanes y damas recurren al lenguaje de la poesía cancioneril para expresar sus sentimientos y definir su posición a través de su habla elevada, los graciosos emplearán la lengua de germanías. Esta variante lingüística de las clases marginales del siglo XVII tuvo una gran cabida en la literatura de la época, en especial a través de la novela picaresca, pero también en el teatro, ya sea mediante los graciosos o a través de los géneros menores. El teatro de Moreto resulta asequible para el lector moderno por la sencillez de su lenguaje, sin embargo, cabría marcar una excepción en el caso del lenguaje del hampa del que nuestro autor muestra un perfecto dominio. La mayor complicación se encuentra en los pasajes que hablan sobre juegos de naipes que hoy nos son ajenos.

El habla del gracioso es en ocasiones caótica y en ella se ensartan ideas traídas a cuento por mera asociación lingüística, no lógica.[18] Los criados de Moreto hablan de un modo muy semejante al de los protagonistas de las come-

---

18 Para más información sobre el lenguaje de los graciosos consúltese: Anna Marie Lottmann. *The comic elements in Moreto's comedias*. Ann Arbor, Michigan: University Microfilms, 1975.

dias burlescas, es decir, en ocasiones sus palabras carecen de significado en sí mismas y buscan simplemente hacer reír. Galón, hablador incansable, pronuncia a cada paso bromas ingeniosas, basadas a menudo en la dilogía. Galón estira el significado de cada palabra y se aprovecha continuamente del doble sentido de los vocablos. Uno de los ejemplos más interesantes ocurre cuando Pasamano, fingiendo ser la ronda, le pregunta por su nombre y Galón responde con todos los significados de la palabra que le da nombre: francés (galo), por lo que es flor de Lis (símbolo de la casa real francesa), punta de diamante, un género de tejido fuerte hecho de seda, hilo de oro o plata y una unidad de medida.

> Pues, si se ha de decir, sus
> digo, que nadie se espante,
> soy flor de Lis unas veces,
> otras punta de diamante.
> Soy de seda, plata y oro,
> pero soy tan miserable,
> que ya por onzas me venden.
> ¡Grave afrenta! ¡Vil ultraje!
> Soy a veces tan humilde
> que consiento que me arrastren.
> Otras veces soy tan vano
> que, procurando ensalzarme,
> aun el pecho más ilustre
> con mi lustre quiere honrarse;
> y aun esto viene a ser más,
> que el rey en hombros me trae.
> ¿A quién hace el rey tal honra?
> ¿A quién favores tan grandes?
> Soy, en efecto, Galón
> de los criados leales. (vv. 1996-2015)

Otro recurso cómico empleado por Galón son sus eternas listas que empiezan con elementos lógicos y acaban acumulando todo tipo de ideas absurdas. Galón comienza a repasar la lista de cosas que comprará con el dinero que ha recibido de doña Blanca.

> (..) un vestido
> de mi nombre guarnecido
> y el forro de caniquí.
> No me olvido del tabaco,
> de calzoncillos, calcetas,
> de escarpines, de soletas
> y de un sombrero polaco. (vv. 534-40)

Pero la imaginación del gracioso vuela rápido y empieza a verse a sí mismo asediado por las mujeres.

> Mas viéndome tan galán,
> me dirá doña Fulana
> para ir al Prado mañana. (vv. 541-43)

Desde ese instante su listado se vuelve cada vez más bizarro, incluyendo maquillaje y prendas de mujer.

> No, no excuso el solimán,
> el arrebol de Granada
> y ligas con rapacejo.
> Mire que tengo ya viejo
> el zapatillo. Encarnada
> sea la media, el guardainfante
> venga bien con las enaguas. (vv. 544-50)

La tendencia al orden y armonía, el general respeto de las unidades aristotélicas, la ausencia de estridencias argumentales o de un lenguaje grosero y la sencillez de lingüística hicieron de Moreto uno de los autores barrocos más apreciados durante el siglo XVIII. La popularidad de Moreto durante el XVIII y la adaptación de sus textos por parte del Neoclasicismo francés ha llevado a ciertos críticos como Valbuena Prat[19] e Hilda Rissel[20] a considerarlo precursor de la entrada de los gustos neoclásicos en España. Moreto es un reflejo de la evolución interna de la comedia durante el siglo XVII y, aunque su teatro posea en ocasiones elementos que también aparecerán en el teatro neoclásico, no significa esto que Moreto busque conscientemente observar las reglas del neoaristotelismo. Resulta insostenible imaginar que en 1641, el joven Moreto, recién salido de la universidad y probablemente sin haber viajado nunca al extranjero, tuviera conocimiento de los movimientos neoclásicos franceses y estuviera aplicando sus principios a su teatro. Moderación, verosimilitud y lógica se encuentran ya en sus primeras obras y se deben al gusto y estilo personal del autor, no al sometimiento a las reglas neoclásicas.

En cuanto a la métrica, Moreto no se ve atraído por la complicación. Aproximadamente la mitad de *Los engaños de un engaño* está compuesto a base de romances, aunque destacan también las silvas y las redondillas. Merece la pena resaltar como el único alarde de virtuosismo métrico el siguiente fragmento.

> Amor mi locura   cura,
> porque en tan querida   herida
> gane mi atrevida   vida,
> si se aventura   ventura.
> Cupido en blandura   dura.
> Será el desagrado   agrado,
> huirá el desdichado   hado

---

19   En Ángel Valbuena Prat. *Historia de la literatura española*. Barcelona: Gustavo Gili, 1953.
20   En Hilda Rissel. *Three Plays by Moreto and Their Adaptation in France*. New York: Peter Lang, 1995.

          y será mi acierto   cierto,
          el desconcierto   concierto,
          feliz el prestado   estado. (vv. 681-90)

Son dos tiradas de cinco versos octosílabos monorrimos en asonante que poseen también rima consonante interna y que no corresponden a ninguna estructura estrófica tradicional. Como puede observarse, las rimas internas tienen la particularidad de estar constituidas de dos palabras, la segunda de las cuales es el fragmento final de la primera: locura-cura, atrevida-vida, etc. El joven Moreto está experimentando nuevas posibilidades y propone una composición compleja y repetitiva donde el sentido de las frases tiene que forzarse excesivamente para ajustarse al metro.

Teatralidad y puesta en escena

Durante la época, el teatro era el principal espectáculo. Acudían a él miembros de todas las clases sociales. En las grandes ciudades había representaciones casi diarias y las obras duraban muy pocos días en cartel. Las representaciones se realizaban en un corral de comedias, un patio interior de una casa al aire libre, en el que se situaba un escenario elevado. Cada espectador ocupaba un puesto según su condición social y pagaba una entrada determinada. Las clases bajas estaban en el patio, las altas ocupaban balcones y ventanas de las casas que rodeaban el patio. Los corrales eran administrados por los hospitales y el ayuntamiento, y el beneficio obtenido de las entradas era para caridad.

La misma sencillez que se observa en el estilo de Moreto se halla en su uso de los recursos escénicos. Según avanza el siglo XVII, la puesta en escena se fue complicando. Aunque sin llegar a alcanzar nunca el fasto y espectacularidad de las representaciones en Palacio, el escenario de los corrales fue abriendo sus puertas a nuevos inventos y tramoyas que hacían las delicias del público. Sin embargo Moreto no recurre nunca a esta maquinaria. La totalidad de su producción puede ser llevada a escena sin necesidad de implementar los recursos escénicos básicos con los que contaba un corral.

La puesta en escena era plenamente convencional y simbólica, el público que periódicamente acude a los corrales conoce los recursos empleados y su significado. Lo que sí hace Moreto es aprovechar estos recursos básicos, por lo que es necesario prestar especial atención al uso de cortinas, puertas y balcones en el teatro moretiano. Uno de los temas favoritos del Barroco es el engaño a los sentidos: nada es lo que parece ser a primera vista, pues la percepción que de la realidad tenemos puede ser parcial. El recurso del ocultamiento resulta así muy atractivo, pues tras una cortina o un disfraz, el mundo que se percibe está distorsionado y uno puede fingir ser quien no es, confundiendo al interlocutor. En *Los engaños de un engaño* el ocultamiento es elemento primordial de la estructura argumental. El error sobre el nombre de doña Elvira, que da lugar al malentendido sobre el que se cimenta la acción, proviene de un engaño a los sentidos provocado por un disfraz y una conversación escuchada a medias.

La segunda mitad del texto está construida a partir de

ocultamientos físicos y suplantaciones de identidad. Unos y otros personajes se esconden «al paño» con la finalidad de conocer desde su escondite la realidad, pero suele ocurrir todo lo contrario. Se trata de un convencionalismo de la representación, por el cual cuando quería darse a entender que un personaje estaba escuchando una conversación a escondidas aparecía asomando la cabeza por una cortina.

En los dos corrales madrileños, en uno de los cuales debió estrenarse *Los engaños de un engaño*, la fachada que se situaba detrás del escenario estaba dividida en nueve espacios, lo que permitía crear la combinación deseada de puertas, cortinas, balcones y ventanas.

Además de las cortinas, las puertas ejercían un papel esencial en las comedias de enredo. Durante la primera mitad de la tercera jornada Moreto explota al máximo las posibilidades ofrecidas por puertas y cortinas representando en el escenario dos lugares diferentes: el interior y el exterior de la casa de don Pedro Osorio. En los corrales no se dividían físicamente los espacios, sino que la transición del uno al otro se marcaba atravesando puertas. La jornada comienza en las afueras de la casa de don Pedro Osorio, donde don Diego deja a Galón haciendo guardia. Para indicar el paso del exterior al interior, Galón abandona el escenario y don Diego abre una puerta: «La puerta es ésta. Ya abrí» (v. 1826). Al escuchar éstas palabras el público del corral, que está asistiendo a una representación que carece de un decorado realista, sabe que a partir de entonces el escenario representa lo que está al otro lado de la puerta: el jardín. Inmediatamente después de abrir la puerta y según indica la acotación: «*Llega a la puerta don Diego y es-*

tará dentro doña Elvira» (acot. vv. 1824-5), es decir, la conversación tienen lugar con don Diego en el escenario y doña Elvira hablando desde el otro lado de la puerta, donde se encontraba el vestuario, pero de modo que el público pueda verla. Cuando acaban de hablar, ella se retira y don Diego entra por la puerta cerrándola, lo que nuevamente indica un cambio espacial. Estamos ahora de vuelta en la calle y la misma estructura escénica se repite con distintos personajes.

Todo el episodio del jardín precisa de tres puertas o cortinas para ser llevado a las tablas: una puerta central y dos laterales. La puerta central indica el paso de la calle al jardín, cada vez que un personaje la traspasa se produce un cambio espacial y el escenario pasa a ser ora la calle ora el jardín. Las laterales pertenecen al espacio del jardín y sirven para realzar la sensación de bastedad y desorientación, además de para indicar que cada una de las parejas se encuentra en un lugar apartado de un mismo espacio común.

El otro recurso escénico aprovechado en la tercera jornada es el de la oscuridad. Tan pronto como don Diego abre la puerta que conduce al jardín, escucha a alguien que le dice: «Entrad, don Juan, sin temer, / que ya se acostó mi padre» (vv. 1828-9). Se trata de doña Elvira, quien estaba esperando a don Juan, pero don Diego cree que está hablando con doña Blanca, y que ella le está engañando con don Juan, por lo que se hace pasar por su enemigo y doña Elvira, al ver que su interlocutor la nombra doña Blanca, por su hermana. La confusión es posible por desarrollarse la acción de noche. Los teatros no contaban con iluminación artificial y las representaciones se realizaban siempre a plena luz del día. Cuando quería significarse que una escena ocurría de noche, los personajes aparecían vestidos de un modo particular, en traje de noche. Cuando siendo de noche los personajes no llevaban nada para alumbrarse, se consideraba convencionalmente que no podían ver y por lo tanto no se reconocían. Esto es lo que pasa en toda la primera mitad de la tercera jornada. Al igual que les ocurre a doña Elvira y don Diego, doña Blanca y don Juan tampoco son capaces de verse.

En los múltiples malentendidos que tienen lugar debido a la oscuridad en el teatro del Siglo de Oro, no se contempla la posibilidad de que los amantes se reconozcan mediante la voz. Cuando don Pedro sale al jardín, los dos galanes intentan huir, pero no son capaces de encontrar la salida y truecan a sus interlocutoras, sin que ninguno de los cuatro se percate de no estar hablando con la misma persona que antes. Sin embargo, no ocurre lo mismo con Pasamano, quien, también a oscuras, reconoce a Galón al oírle hablar entre sueños y le despierta de un puntapié diciéndole: «Diga quién es a la ronda» (v. 1986). Galón cae en el engaño y responde: «¿Cómo no trae luz la ronda?» (v. 1987). De este modo se recuerda al auditorio que la escena está ocurriendo de noche y por ello es fácil que Galón no pueda reconocer a Pasamano.

Ideología y temas

Antes de adentrarnos en la consideración de las ideas presentadas por *Los engaños de un engaño*, debemos tomar en cuenta dos cuestiones. Primero: la comedia es un género literario que busca ante todo entretener al público, por lo que no debe esperarse de él (aunque a veces las haya) profundas digresiones filosóficas o morales. Segundo: el corral de comedias es el único espacio urbano donde se reúnen periódicamente miembros de todas las clases sociales: desde el más pobre, pues las entradas más baratas eran asequibles para cualquier trabajador, hasta el mismo rey. La misma estructura del corral realza el sentido del teatro como espectáculo que promueve una conciencia de unidad social a la vez que marca las diferencias entre los miembros de ésta sociedad en base a los distintos precios de las localidades. La comedia podía garantizar mejor que ningún otro medio la transmisión de cualquier mensaje a todas las esferas de la población, por lo que no podemos menospreciar su valor comunicativo. A partir de 1638 el Ayuntamiento de Madrid tomó control total sobre los dos teatros de la capital, sustituyendo a las cofradías, por lo que no resulta extraño que las clases dirigentes hicieran uso de este recurso para expandir su ideología.

Una de las preguntas más interesantes que cabe hacerse con respecto al espectáculo teatral es cómo conseguía entusiasmar a gentes de todos los niveles en una sociedad tan fuertemente estratificada como la España del XVII. El teatro era el entretenimiento más popular y sólo los toros le podían hacer competencia. El número de corridas que tenían lugar a lo largo del año era muy reducido, pero cuando ocurrían paralizaban la vida de la ciudad, pues las celebradas por el Ayuntamiento de Madrid en la Plaza Mayor podían albergar a 50.000 espectadores, casi un tercio de la población total de la capital. ¿Qué aportaban uno y otro espectáculo para atraer continuamente a las masas? La respuesta quizás se encuentre en la visión que ambos ofrecían de una sociedad idílica, donde cada individuo cumple con su función y vive feliz dentro de la posición que le toca ocupar, donde la virtud es premiada y la corrupción de usos y costumbres castigada. En la concepción tradicional, a cada estamento le correspondía cumplir una función determinada, asegurándose así el correcto funcionamiento de la sociedad en conjunto.

Como se expuso anteriormente, la nobleza debía dedicarse a la defensa y la carrera militar, pero con el paso del tiempo cada vez se había alejado más de esta ocupación, por lo que se le hizo necesario justificar sus privilegios y los espectáculos eran un modo de conseguirlo. El toreo estaba reservado exclusivamente a los nobles y les brindaba la posibilidad de hacer gala de su valentía y fortaleza ante una sociedad que aplaude las hazañas de sus protectores. Después de todo, aunque hubiese desacuerdos sobre la existencia de ciertos privilegios y sobre la funcionalidad última de la nobleza de sangre, la sociedad española del XVII sigue en su gran mayoría creyendo en la legitimidad de la desigualdad.

Recordemos una vez más que ante todo toros y teatro son un entretenimiento popular. Aunque tras la diversión se promulgue o defienda una ideología, el espectador que acude al corral o la plaza va a pasárselo bien: a ver a sus actores favoritos, a reírse de los chistes del gracioso y de los golpes que reciben los personajes de los entremeses, a hacer vida social, a disfrutar con del enredo de la comedia y de la peligrosidad de la corrida, etc. El espectador medio posiblemente no se percataría, al menos de modo consciente, de las implicaciones ideológicas de lo que estaba observando. De hecho, incluso para los organizadores de tales eventos, la finalidad última de los mismos no era la propaganda ideológica, aunque ésta estuviera implícita, sino el mantener entretenida a una población que vivía la decadencia del Imperio español. El fenómeno teatral barroco repite una constante que se ha mantenido a lo largo de toda la historia: el estado mantiene felices a las masas otorgándoles diversión pública gratuita o de bajo costo. Más allá del análisis literario de los textos, de su concepción como obras artísticas de determinado periodo, se hace patente la necesidad de analizar la comedia en relación a otros entretenimientos de masas. No veo que exista una contradicción entre las propuestas de José Antonio Maravall, quien ve la comedia como una campaña publicitaria de los valores aristocráticos, con aquellos que defienden una finalidad exclusivamente lúdica del espectáculo. La ideología inherente y soportada por los textos no niega su desempeño como medios de entretenimiento. En última instancia esta es la fórmula del antiguo «prodesse et delectare», con más deleite que provecho, eso sí.

El teatro es la única manifestación artística del siglo XVII creada para ser consumida por todos los sectores sociales. Se hace preciso, por lo tanto, incluir en ella elementos que satisfagan las inquietudes de un auditorio extremadamente heterogéneo, y ello se logra mediante la superposición de varios niveles lingüísticos, ideológicos y temáticos. Si tomamos como ejemplo una de las constantes de las comedias de capa y espada, el amor, observaremos que este concepto es expuesto desde distintos puntos de vista. Tenemos por un lado la concepción neoplatónica del fenómeno, expresada a través de un registro lingüístico elevado construido sobre las convenciones de la poesía cancioneril, todo lo cual estaría destinado a captar la atención del público más cultivado. Este discurso es casi ininteligible para el grueso de la población, aquellos que se sitúan en el patio y cuya opinión queda representada por la figura del gracioso, quien cómo ellos no comprende las pasiones y argumentos de los amos. Su incomprensión no es presentada como signo de ignorancia, sino de una sabiduría y percepción del mundo diferente: más carnal, lúdica y pragmática. De este modo el amo se ríe de la simpleza del criado y el criado del idealismo ilógico de su amo, sin que la visión del uno anule la del otro.

Una vez argumentada la necesidad de considerar toda valoración ideológica que pueda extraerse de la comedia a la luz de ser ésta un espectáculo principalmente lúdico, pasemos al análisis de dos temas esenciales y que se presentan indisolublemente unidos en las comedias de capa y espada: matrimonio y honor. No pretendo decir con esto que el matrimonio y el honor sean los únicos dos conceptos ideológicos que articulan la comedia barroca, ni mucho menos, sino que en el caso particular de *Los engaños de un engaño* y en otras comedias de capa y espada resultan fundamentales para comprender el significado de los textos.

El matrimonio

Desde el inicio de la comedia el matrimonio se presenta como el final anhelado por todos los protagonistas: galanes, damas y padre. Se busca pasar de un estado de soltería al del matrimonio, lo que supone que las mujeres dejarán de estar bajo la protección del padre para pasar a depender de sus maridos. La comedia se centra en la búsqueda de la resolución de un trance que dificulta culminar este proceso. Su estructura esencial sería la de orden, caos, orden. La soltería inicial es un tipo de orden que se ve alterado por el noviazgo (caos) y que finalmente da paso a una nueva situación ordenada y armónica, el matrimonio. El amor en sí mismo no representa un estado de caos. En *Los engaños de un engaño*, el legítimo galanteo de don Diego a doña Blanca y el amor que ambos sienten no es presentado nunca como perturbador del organigrama social, sino como reflejo de la felicidad futura que espera a los contrayentes. El malentendido de los nombres es lo que provoca los celos y el subsiguiente estado de caos. Después de haberse producido el cortejo, los galanes no pueden casarse por estar su honor y el de sus futuras esposas en peligro, éste es el verdadero obstáculo, y no el amor, que de ser correspondido y aceptado por el padre es perfectamente legítimo y no amenaza el orden.

A través de la institución del matrimonio, la comedia representa el orden social. Al casarse dos personas del mismo rango se reafirma la estructuración estamental, pues con ellas se crea una nueva familia que constituye la unidad mínima sobre la que se levanta el organigrama social.

En consecuencia, el amor entre miembros de distintas clases sociales, o el intento de casarse con alguien de un nivel superior para medrar, está necesariamente abocado al fracaso. Mediante la bendición del padre, representante de los valores tradicionales, la nueva pareja es admitida en la comunidad. Más allá de las connotaciones amorosas presentadas en el teatro, para el español del siglo XVII el matrimonio es ante todo un contrato social entre dos familias y un sacramento. Casarse supone la aceptación de los principios sociales y religiosos sobre los que se asienta el funcionamiento del estado. Por eso la comedia termina siempre con el matrimonio y no presta interés a la vida matrimonial, al qué ocurre después de la boda.

Los engaños de un engaño ofrece un perfecto ejemplo de cómo el matrimonio es voluntariamente buscado tanto por los enamorados como por los padres, pues al final son los contrayentes quienes sin la intermediación de ningún agente social impositivo deciden libremente sus nupcias y, una vez establecido el acuerdo, don Pedro expresa su conformidad. El teatro barroco es un género que trata de relaciones sociales y no sólo de sentimientos individuales. Cuando don Diego comunica a don Juan sus intenciones de casarse, expone su futura boda detallando el cúmulo de relaciones interpersonales que se derivarán de ella:

> Daréle a Cloris esposo,
> que la quiera más que a sí,
> a su padre un hijo en cambio
> del malogrado infeliz,
> y a vos un amigo firme,
> como lo he sido hasta aquí. (vv. 463-8)

Cada personaje es representante de un grupo social, actúa de acuerdo a las normas de éste y se relaciona con otros individuos según su posición y la de ellos. Por eso a nadie le importa si los novios fueron felices después de la boda, pues la boda es en sí misma la única felicidad a la que aspiran.

La vida privada de la mujer una vez casada carece de interés teatral, prueba de ello es la ausencia de madres en el teatro. La comedia se centra justo en el único momento en el que la vida de una mujer tiene trascendencia social: al ser entregada de un hombre a otro. Durante el difícil trámite que conduce al matrimonio, la vigilancia del padre y la del futuro esposo están orientadas a lograr una transición óptima, en la que la principal ocupación es mantener intacta la honra de las dos partes, cuya depositaria es la mujer que se está transfiriendo. Aprovechando el símil barroco que compara la honra con un cristal que fácilmente se quiebra o empaña, la mujer, depositaria de la honra, es como ese cristal que cuidadosamente pasa de la mano del padre a la del marido y ambos deben procurar que durante el intercambio no se rompa tan valiosa posesión.

El honor

Las normas sociales del siglo XVII están construidas a partir de una visión aristocrática de la vida que primaba los valores de un reducido grupo de ciudadanos y legitimaba su posición de dominio. Esta supremacía de la nobleza influyó directamente en la visión de la realidad aportada por las artes, que, no debemos olvidar, eran financiadas por los grupos privilegiados. En el teatro los valores aristocráticos quedaron simbólicamente cristalizados en los conceptos de honor (la dignidad del individuo) y honra (el respeto que la sociedad debe a determinado individuo). A través de los conceptos de honor y honra, los personajes de la comedia eran presentados como miembros de una comunidad en la que ocupan un puesto específico que les confiere determinados deberes y derechos.

Independientemente de la trama específica de cada comedia, la defensa del honor frente a una agresión externa es el argumento escénico por excelencia del teatro. En las comedias de capa y espada, el galán busca casarse con una dama adecuada, pero algo se interpone en su camino dificultando su conquista y poniendo en peligro la honra de los amantes. *Los engaños de un engaño* es una historia de amor, pero también de honor. Amor y honor quedan enlazados a través del recurso de los celos, que en este caso suponen el obstáculo que los galanes deberán vencer antes de casarse. Desde el mismo instante en que don Diego se presume engañado, el centro de su actividad deja de ser el enamorar a la dama, pasando a ser su primera preocupación la venganza del agravio. Puesto que las normas sociales consideran a la mujer una propiedad o bien del marido o bien del padre, la seducción de una mujer soltera, pero ya prometida como es doña Blanca, constituyen un menoscabo directo de la honra del padre y del futuro marido.

En el teatro los deseos individuales encarnados por el amor sólo tienen validez mientras que no se oponen a las normas sociales, es decir, en cuanto a estar dirigidos a un matrimonio que reafirme el honor de las casas de ambos contrayentes. Sin embargo, una vez que los valores de la comunidad, representados por la honra, son puestos en peligro expulsando a uno o a ambos amantes de su seno mediante la deshonra pública, los protagonistas se ven obligados a reintegrarse en el sistema a través de la restauración de su honor por la venganza de sangre, antes de poder proseguir con la consecución de sus anhelos personales. Don Pedro ofrece a don Diego y don Juan el plazo de un día para matar al adversario antes de poder casarse con sus hijas, porque el matrimonio con un hombre deshonrado traería la deshonra a su familia. Aunque, como ya indicamos, la venganza de sangre no llega a tener lugar, porque no hubo en realidad deshonra, sólo cuando los cuatro contrayentes están absolutamente seguros de que no existe ningún obstáculo proceden a aceptar el matrimonio. La sociedad sólo permite la reintegración del individuo deshonrado al ofrecerse en pago la vida del agresor. Esto se debe a que la deshonra no es únicamente un agravio personal, sino que pone en peligro la misma esencia de la estructura social. La sociedad del XVII castiga no sólo al hombre y la mujer adúltera, sino al marido consentidor, pues los tres están perturbando el orden moral que sustenta la convivencia. La comunidad condena tanto al ofensor como al ofendido. Aunque don Diego no haya hecho nada negativo, está deshonrado y es despreciado por la sociedad, por el mero hecho de que don Juan esté galanteando a su dama, aún cuando ella no le corresponda, pues se está poniendo el peligro la institución sagrada del matrimonio, base del organigrama social.

Criterios de edición

Uno de los principales problemas a los que se enfrenta el estudioso interesado en la producción de Moreto reside en la dificultad de fijar los textos. A pesar de los esfuerzos principalmente de Ruth Lee Kennedy[21] y también Ada M. Coe,[22] no contamos con un repertorio definitivo de la obra del autor. La única excepción aplicable la constituye el corpus de su teatro breve, recientemente editado en su totalidad por María Luisa Lobato.[23] A los primeros apuntes bibliográficos de Cotarelo y Mori[24] y las anotaciones de Fernández Guerra[25] en la introducción a su edición de las obras de Moreto, se añaden las bibliografías monográficas de María Soledad Ciria Mantilla[26] y las de Maria Paola Miazzi Chiari y Blanca Luca de Tena,[27] las cuales incluyen bastante errores y lagunas y no indican claramente dónde se encuentran algunos de los ejemplares que mencionan. Con todo ello estamos aún lejos de un repertorio bibliográfico definitivo y fiable, con lo que al crítico moderno no le queda más remedio que realizar una intensa labor de investigación bibliotecaria antes de poder iniciar investigación alguna.

---

21 Sobre los aportes realizados por Kennedy en el terreno bibliográfico, consúltense: «Concerning Seven Manuscripts Linked with Moreto's Name.» *Hispanic Review* 3.4 (1935 Oct): 295-316. —. «Manuscripts Attributed to Moreto in the Biblioteca Nacional.» *Hispanic Review* 4.4 (1936 Oct): 312-32. —. «Moretiana.» *Hispanic Review* 7.3 (1939 July): 225-36. —. «Moreto's Span of Dramatic Activity.» *Hispanic Review* 5.2 (1937 April): 170-2. —. *The dramatic art of Moreto*. Northampton, Mass.: Smith College, 1932.

22 Coe, Ada M. «Additional Bibliographical Notes on Moreto.» *Hispanic Review* 1.3 (1933 July): 236-9.

23 Moreto, Agustín: *Loas, entremeses y bailes de Agustín Moreto*. Ed. María Luisa Lobato. Kassel: Edition Reichenberger, 2003.

24 Cotarelo y Mori, Emilio. *La bibliografía de Moreto*. Madrid: Tipográfica de la Revista de Archivo, Biblioteca y Museo, 1927.

25 Moreto, Agustín. *Comedias escogidas de don Agustín Moreto y Cabaña*. Ed. Luis Fernández-Guerra y Orbe. Madrid: Atlas, 1950.

26 Ciria Mantilla, Maria Soledad. *Manuscritos y ediciones de las obras de Agustín Moreto*. Madrid: s.n., 1973.

27 Miazzi Chiari, Maria Paola y Blanca Luca de Tena. *Don Agustín Moreto y Cavana: bibliografía crítica*. Milano: Franco Maria Ricci, 1979.

De *Los engaños de un engaño* existen dos fuentes, no una como indicaba Fernández Guerra:

- La primera, a la que llamaré **S**, la constituyen los ejemplares T-5574, T-14814-6 y Usoz 8672 de la Biblioteca Nacional Española en Madrid, al final de los cuales se lee: «Con licencia; En Sevilla, por la *Viuda de Francisco Leefdael*, en el Correo Viejo.» Se trata de impresiones sueltas, en octava, posiblemente de finales del XVII, con el número 188 en la esquina superior derecha de la primera página. A partir de la página 25 de todos los ejemplares y hasta el final se observa una tipografía completamente didistinta, lo que hace pensar que se trate de una publicación compuesta por dos tiradas diferentes, por dos imprentas diferentes. Al ejemplar T-14814-6 le faltan las páginas 19 a la 22 y tiene escrito en lápiz la fecha de 1697. Existen otros ejemplares en New York Public y University of California at Berkeley. El catálogo de la Bibliothèque Municipale d'Aix-en-Provence en Mejanes (Francia) afirma tener un ejemplar con los siguientes datos: «Madrid, Imprenta de A. Sanz, 1751», (signatura: P11116), se trata sin embargo de otra copia de S idéntica a las anteriores.

- De la segunda fuente, a la que llamaré **A**, he localizado un único ejemplar en la Biblioteca Nacional Española, con signatura T-10973. Es una suelta impresa en octava que carece de referencias de lugar o fecha.

Adopto **A** como texto base por tener en general mejores lecturas e incluir en la tercera jornada cuatro fragmentos que no se encuentran en S: vv. 1795-1812, vv. 1942-9,

vv. 2004-13 y vv. 2553-4, estos últimos son completamente necesarios para comprender el texto. Las tres primeras lagunas pueden haber sido voluntariamente eliminadas por el impresor, por cuestiones de espacio, pues se trata de reducciones a los parlamentos de los graciosos que no afectan al resto de la obra y en los que no hay nada que parezca indicar que fueron añadidos por el impresor de A y no compuestos por Moreto, pues su estilo concuerda perfectamente con el del resto de la comedia. Aparte de estas lagunas y una confusión con los nombres de quiénes hablan entre los versos 2177 al 2203, apenas se observan grandes variaciones entre las dos versiones y cuando existen se deben generalmente a simples errores de los copistas. Cuando resulta necesario enmiendo las malas lecturas de A con las propuestas de S, y sólo en un par de casos en que ambas fuentes resultan confusas propongo una tercera lectura alternativa. En cuestiones que afectan a la métrica acepto siempre como válida la opción que respeta la regularidad del cómputo silábico y la rima. Desde el punto de vista métrico existe una gran regularidad, excepto en los versos 1200 y 1260 que están incompletos, aunque sin que se vea afectado el sentido del texto, y en el verso 1190 al que falta una sílaba.

Modernizo la puntuación y ortografía, excepto en aquellos casos que afectan directamente a la pronunciación y consecuentemente a la rima, como «decillo». No hago ninguna variación gramatical.

Tania de Miguel Magro
Sonoma State University - 2008

Abreviaturas más comunes

acot.: acotación.
Aut.: *Diccionario de Autoridades.* Madrid: Gredos, 1964. Ed. Facsímil.
Corominas: Corominas, Joan. *Diccionario crítico etimológico.* Madrid: Gredos, 1976.
Correas: Correas, Gonzalo. *Vocabulario de refranes y frases proverbiales.* Madrid: Castalia, 2000.
Cov.: Covarrubias Orozco, Sebastián de. *Tesoro de la lengua castellana o española.* Madrid: Castalia, 1995.
DRAE: *Diccionario de la lengua española.* Madrid: RAE, 1992.
Léxico del marginalismo: Hernández, Alonso. *Léxico del marginalismo del Siglo de Oro.* Salamanca: Universidad de Salamanca, 1977.

Referencias bibliográficas y lecturas recomendadas

Fuentes primarias

Moreto, Agustín. *Comedias escogidas de don Agustín Moreto y Cabaña*. Ed. Luis Fernández-Guerra y Orbe. Biblioteca de autores españoles 39. Madrid: Ediciones Atlas, 1950.

_____. *El desdén, con el desdén*. Ed. Enrico di Pastena. Estudio preeliminar John E. Varey. Barcelona: Crítica, 1999.

_____. *El lindo don Diego*. Ed. Víctor García Ruiz. Madrid: Espasa Calpe, 1993.

_____. *El lindo don Diego*. Ed. Xabier Manrique de Vedia y Francesc L. Cardona. Barcelona: Edicomunicación, 1977.

_____. *Loas, entremeses y bailes de Agustín Moreto*. Ed. María Luisa Lobato. Kassel: Edition Reichenberger, 2003.

Fuentes secundarias

Sobre teatro español del Siglo de Oro

Arellano, Ignacio. «Convenciones y rasgos genéricos en la comedia de capa y espada.» *Cuadernos de teatro clásico* 1 (1988): 27-49.

──────. *Historia del teatro español del siglo XVII*. Madrid: Cátedra, 2002.

Diez Borque, José María. «Aproximación semiológica a la escena del teatro del Siglo de Oro español.» *Semiología del teatro*. Ed. José María Díez Borque y L. García Lorenzo. Barcelona: Planeta, 1975. 50-92.

──────. *Sociedad y teatro en la España de Lope de Vega*. Barcelona: A. Bosch, 1978.

──────. *Sociología de la comedia española en el siglo XVII*. Madrid: Cátedra, 1976.

Domínguez Ortiz, Antonio. *La sociedad española en el siglo XVII*. 2 vols. Granada: Universidad-CSIC, 1992.

José Prades, Juana de. *Teoría sobre los personajes de la comedia nueva en cinco dramaturgos*. Madrid: CSIC, 1963.

Maravall, José Antonio. *La cultura del barroco: análisis de una estructura histórica*. Esplugues de Llobregat: Ariel, 1975.

──────. *Teatro y literatura en la sociedad barroca*. Madrid: Seminarios y Ediciones, 1972.

McKendrick, Melveena. *Woman and Society n the Spanish Drama of the Golden Age; A Study of the Mujer Varonil*. London, New York: Cambridge University Press, 1974.

Ruano de la Haza, José María y John J. Allen. *Los teatros comerciales del siglo XVII y la escenificación de la comedia*. Madrid: Castalia, 1994.

Wardropper, Bruce W. *Teoría de la comedia. La comedia española del Siglo de Oro*. Barcelona, Caracas, México: Ariel, 1978.

Sobre el autor

Casa, Frank Paul. *The Dramatic Craftsmanship of Moreto*. Cambridge, Massachusets: Harvard University Press, 1966.

Castañeda, James Agustín. *Agustín Moreto*. New York: Twayne Publishers, 1974.

Exum, Frances B. ed. *Essays on Comedy and the Gracioso in Plays by Agustín Moreto*. York, S.C.: Spanish Literature Publications Co., 1986.

Kennedy, Ruth Lee. «Moretiana.» *Hispanic Review* 7.3 (July 1939): 225-36.

_____. «Moreto's Span of Dramatic Activity.» *Hispanic Review* 5.2 (April 1937): 170-2.

_____. *The Dramatic Art of Moreto*. Northampton, Mass.: Smith College, 1932.

Sánchez Imizcoz, Ruth. *El teatro menor en la España del siglo XVII: la contribución de Agustín Moreto*. New Orleans: University Press of the South, 1998.

Los engaños de un engaño y confusión de un papel

*Comedia famosa de don
Agustín Moreto y Cabaña*

Personas que hablan en ella.

Don Diego de Ribera.
Don Juan de Mendoza.
Galón, gracioso.
Pasamano, gracioso 2.
Doña Elvira, dama.
Doña Blanca, dama.
Don Pedro Osorio, su padre.
Celia, criada.

Jornada Primera

*Salen don Diego de Ribera y Galón vestidos de camino. Trae
don Diego dos pliegos de cartas en la mano.*

Galón   Muy descuidado te veo,
         señor, y muy poco amante.
         Di: ¿por qué no has ido ya
         a visitar aquel ángel
         de Blanca? Que te aseguro,   5
         si yo viniera a casarme
         como tú, que ya estuviera…

D. Diego Tente, adelante no pases,
         Galón, que satisfacerte
         quiero a la objeción que me haces.   10
         Yo sé que Blanca me adora
         de suerte que, si llegase
         tan de repente a sus ojos,
         pudiera ser peligrase

                (mejor Amor[1] lo disponga)   15
                su vida. Y así, pues sabes
                que es tan peligroso un gusto
                y que el mismo efecto hace
                una pena que un dolor,
                cuando al corazón combaten,   20
                este pliego has de llevar
                a Blanca y éste a su padre.
                Finjo que de Badajoz
                los escribo y que te partes
                solo a ganar las albricias[2]   25
                de mi esposa.

GALÓN   Que me maten
                si no has de dar en grosero.

D. DIEGO   Nunca anduve tan galante.
                Demás que[3], antes de ir a verla,
                quiero en secreto informarme   30
                si Blanca en mi ausencia estuvo
                en amar firme y constante.
                Si bien pienso, habrá mirado
                la obligación de su sangre.
                Y en sabiéndolo, Galón,   35
                la visitaré esta tarde.
                Y advertida de que vengo,
                el susto podrá evitarse;
                con que yo, alegre y contento,
                sin azar[4] que me embarace,[5]   40

---

1   Se refiere a Cupido, dios clásico del amor, a quien se alude constantemente a lo largo del texto con diferentes denominaciones.
2   *albricias*: «Lo que se da al que nos trae algunas buenas nuevas.» (*Cov.*).
3   *Demás que*: «Equivale también a "fuera de que, o "fuera de esto".» (*Aut.*)
4   *azar*: «Es lo mismo que estorbo, desvío, mala suerte.» (*Cov.*)
5   *embarace*: «Vale impedir.» (*Cov.*)

| | sabré si mi dama es firme
y trataré de casarme;
logrando en dulce himeneo[6]
la unión de dos voluntades. | |
| --- | --- | --- |
| Galón | Ahora ya no te culpo,
si te culpaba en denantes.[7]
Dame las cartas y adiós.   (*Dale las cartas.*) | 45 |
| D. Diego | Toma y advierte que es tarde.
Date prisa. | |
| Galón | Ya me voy.
(*Ap.*) Yo apostaré que me valen
las albricias dos millones,
sin que un ochavo[8] les falte.
Pero no he de reparar
tanto en verlos muy cabales,
como en la moneda. Plata
es cosa que ya no vale.
El oro es cosa de pobre.
Si hay de sobra algún diamante,
podrá ser tomarlo en precio,
que aunque en la plaza no pasen[9]
y aunque son piedras al fin
son alhajas de buen aire.[10]   (*Vase.*) | 50

55

60 |

Salen por otra puerta don Juan y Pasamano.

---

6   *himeneo*: Casamiento, epitalamio.
7   *denantes*: «El que acaba de pasar o pasó próximamente a lo que se está diciendo.» (*Cov.*)
8   *ochavo*: «Moneda de vellón usual en Castilla.» (*Cov.*)
9   *en la plaza no pasen*: «Frase que vale ser tenida o reputada alguna persona o cosa por lo que no es en realidad.» (*Aut.*)
10 *buen aire*: «Lo mismo que garbo, gentileza y despejo.» (*Aut.*)

D. Juan	¿Aquí te han dicho que posa?[11]
Pasamano	Así he llegado a informarme.
D. Juan	Bien te han dicho, que allí está.
Pasamano	Llega pues, señor, a hablarle.
D. Juan	Don Diego, amigo, ¿qué os veo?
D. Diego	¿Hay tal dicha? ¿Hay tal ventura?
D. Juan	Vuestra amistad me asegura las finezas[12] que en vos creo.
D. Diego	Desde que en Salsas[13] nos vimos, señor don Juan, no he tenido noticia de vos.
D. Juan	No ha habido, después que nos dividimos,[14] cosa notable.
D. Diego	Es verdad.
D. Juan	Supe de vuestra llegada y así os busqué en la posada.
D. Diego	Debéislo a nuestra amistad. Vuestros sucesos decid.

line numbers: 65, 70, 75

---

11 *posa*: se aloja.
12 *finezas*: «Acción y dicho con que uno da a entender el amor y benevolencia que tiene a otro.» (*Aut.*)
13 *Salsas*: se refiere a la localidad catalana de Salces, que fue varias veces invadida por los franceses.
14 *nos dividimos*: nos separamos.

                Así, amigo, os guarde Dios   80
                y sean tales que a los dos
                nos entretengan.

D. JUAN   Oíd:
                de todos los trabajos[15] que he pasado
                experiencia tendréis por lo soldado.   85
                Sucesos de la guerra no los digo,
                porque no hay novedad, y así prosigo:
                dejar de Flandes la marcial campaña
                me fue forzoso y el partirme a España,
                porque, si no lo fuera,   90
                toda mi vida en Flandes estuviera;
                que ya tan hecho estaba
                al estallido que el mosquete[16] daba,
                que al valle más vecino agradecía
                cuando el fin de los truenos[17] repetía.   95
                No me quise venir sin ver primero
                de Italia las grandezas, que es grosero
                quien no mira curioso
                de las tierras extrañas lo famoso.
                De Nápoles noté la gentileza,   100
                de Roma la grandeza,
                de Milán lo aseado
                y de Venecia, en fin, lo concertado.
                Visité el Sacro Templo de Loreto.
                (Quien otra cosa admira,   105
                o para bruto aspira,
                o bárbaro sin fe ni ley constante,

---

15 *trabajos*: «A cualquiera cosa que trae consigo dificultad o necesidad y aflicción de cuerpo o alma llamamos trabajo.» (*Cov.*)

16 *mosquete*: «Un género de escopeta reforzada. Arma terrible y al que la lleva pesada, pero con la industria de las horquillas ha venido a facilitarse y con el uso.» (*Cov.*)

17 *truenos*: «Se llama también el ruido o estampido que causa el tiro de cualquier arma o artificio de fuego.» (*Aut.*)

puede prestar durezas al diamante.)[18]
De Italia, en fin, me despedí contento,
confiando la vida al elemento 110
cuyo centro Neptuno señorea,[19]
cuando en carro argentado se pasea.[20]
Pero como del mar a la inconstancia
hay tan poca distancia,
cruel en Noto[21] en uno y otro exceso 115
(que por incorregible estaba preso)
de tal modo asaltó nuestra galera,
que despojo marcial sin duda fuera
si el cielo de nosotros lastimado
no le hubiera enfrenado.[22] 120
Aun mi valor aquí se maravilla,
porque tal vez barriendo con la quilla
las profundas arenas zozobraba,
y tal vez con el árbol[23] ajustaba
las más fijas estrellas, 125
siendo barreno[24] de sus luces bellas.
Pues como a pesar de mi desdicha,
esperándome estaba aquella dicha,
toqué la playa alegre, besé el suelo,
dile gracias al Cielo, 130
porque, escapando de peligros grandes,

---

18 *diamante*: «Por ser indomable, según la opinión de algunos, a razón de ser tan duro que con ningún instrumento se labra, si no es con otro diamante y con la sangre del cabrón caliente.» *(Cov.)*
19 *al elemento / cuyo centro Neptuno señorea*: es una perífrasis para designar el mar Mediterráneo.
20 Según la tradición mitológica, Neptuno se paseaba por las profundidades del mar en un carro de plata. En la *Odisea* Neptuno se pasea por la tierra, nunca por el fondo del océano.
21 *Noto*: en la mitología romana es el viento del sur, hermano de Céfiro y Boreas.
22 *enfrenado*: «Echar el freno al caballo y también amaestralle con él.» *(Cov.)*
23 *árbol*: «Llamamos árboles los mástiles de los navíos.» *(Cov.)*
24 *barreno*: «Hacer un agujero con la barrena.» *(Aut.)*

la vida me dejó escapar de Flandes.
Entré en Madrid y con mis pretensiones
estudié de Palacio las licciones.
Y estando una mañana entretenido, 135
viéndome exento y libre de Cupido,
desprecio haciendo de su arpón dorado,25
pisaba alegre el Prado.26
Mas ¡ay!, que amor activo,
viéndome tan esquivo, 140
una flecha tiró, pero tan cierto
que, cuando libre me juzgaba, advierto
que el rigor de mi pecho endurecido
del sol quedó a la vista derretido.
En un coche salían 145
dos deidades que vida repartían
al campo y a las flores.
Y solo yo de amores
tan absorto quedé de la una de ellas
que, aunque a la vista de sus luces bellas 150
la vista se perdía,
en mi opinión hallé que la seguía,
juzgando a mejor suerte
tener en su presencia dulce muerte,
que ausente de su luz vida penosa.27 155
Tomando ejemplo de una mariposa
que temeraria y ciega
a la llama se llega
y, en humo convertida,

---

25 *arpón dorado*: Recuérdese que Cupido empleaba flechas de oro para hacer que los mortales se enamoraran.
26 *Prado*: Se refiere al Paseo del Prado en Madrid. Este paseo aparece a menudo en la literatura áurea como lugar de encuentro entre enamorados.
27 Refleja el tópico del sufrimiento del amante ante la presencia de la amada, muy caro a los poetas cancioneriles castellanos del siglo XV.

yace ceniza allí lo que fue vida. [28] 160
Paró el coche. Llegué, pero no quise
hablar yo propio a Nise[29]
con tan poco decoro.
Nise es nombre supuesto, el propio ignoro.
Y así dije a su hermana, 165
que de mi Venus era la Diana:[30]
«Infeliz sois, señora,
pues vais después del sol, siendo la aurora».
Referiros de Nise la hermosura
fuera imposible en mí, fuera locura, 170
porque tanta deidad y beldad tanta
da envidia a Venus y a Cupido espanta.
Sólo diré que a la naturaleza
no costó poco estudio su belleza.
Miréla en este tiempo y ella, ¡ay cielos!, 175
conociendo en mis ojos[31] mis desvelos,
los suyos en mí aplica;
con que de amor mis penas significa.
Que Amor, aunque vendado,[32]

---

28   *mariposa*: Esta misma imagen de la mariposa aparece explicada en Covarrubias: «[La mariposa] tiene inclinación a entrarse por la luz de la candela, porfiando una vez y otra hasta que finalmente se quema… esto mismo les acontece a los mancebos livianos que no miran más que la luz y el resplandor de la mujer para aficionarse a ella; y cuando se han acercado demasiado se queman las alas y pierden la vida.»
29   *Nise*: Es un nombre típico de la literatura pastoril.
30   Don Juan denomina a su amada Venus y a la hermana de ésta, Diana. Se trata de dos diosas romanas aclamadas por su belleza y relacionadas con la sexualidad: mientras Venus es la diosa del amor y la atracción sexual, Diana es agresiva defensora de su virginidad. Don Juan teme que doña Elvira le haya sido infiel con don Diego, por eso asocia a su amada con Venus, quien engañó repetidamente a su marido Vulcano.
31   Era un tópico en la filosofía neoplatónica que el amor entrara por los ojos.
32   *Amor, aunque vendado*: A partir de la Edad Media se representa a Cupido con una venda en los ojos para indicar su ceguera. Por extensión el amante, como Amor, también es ciego. La imagen del dios ciego que dispara sus flechas sin saber a quien van dirigidas aparece más desarrollada en los versos 2286-92. Ver Erwin Panofsky, «Cupido el ciego» en *Estudios sobre iconología*. Madrid: Alianza Universidad Editorial, 1972. 139-71.

siempre los ojos pone en su cuidado, 180
porque en tan dulce calma
son la mayor retórica del alma.
Quise saber quién es. El coche sigo
y de mi intento la mitad consigo;
pues solamente alcanzo por notorio 185
cómo don Pedro Osorio
tiene dos hijas nobles cuanto hermosas,[33]
discretas como airosas.
La una se nombra Blanca, la otra Elvira.
Y así, el sujeto a quien mi amor aspira, 190
con aquestos dos nombres confundido,
de mí sólo en lo hermoso es conocido.
Prosigo desta forma el galanteo;
resístele al principio a mi deseo,
pero el curso continuo de un suspiro 195
consigue que mi amor no yerre el tiro.
Acércome una tarde codicioso
de ser Clicie.[34] Y luego más dichoso
aliento cobro presumiendo ufano
que, quien un guante da, dará una mano. 200
En efecto, el amor más declarado
nos juntó varias veces en el Prado.
Y al paso que[35] repito mis amores[36]
mil venturas alcanzo, mil favores.
Y el continuarlos llega a tanto agrado 205

---

33 *nobles cuanto hermosas*: En la filosofía neoplatónica se asocia el concepto de belleza a la nobleza.
34 *Clicie*: Hija de Océano y hermana de Leucotoe. Según el mito Clicie se enamoró de Apolo, quien la abandonó por su hermana. Apolo la convirtió en un heliotropo (girasol), por lo que vuelve constantemente el rostro al sol, su amado. Don Juan había dicho más arriba que Nise era el sol, por eso está codicioso de ser Clicie, quien sigue al sol sin descanso.
35 *al paso que*: «Se usa para contraponer los extremos de una oración con otra por vía de suposición de algún hecho; y así se dice: al paso que yo le hacía beneficios, me correspondió con ingratitudes.» (*Aut.*)
36 *amores*: «de ordinario son los lascivos.» (*Cov.*)

que hoy para el mismo sitio estoy citado,
donde iré a ver si puedo
con aliento y sin miedo,
obligando cortés, rogando suave,
hacer que dure firme y no se acabe   210
este feliz principio que ha tenido.
Pero ya he presumido
que el hado a su despecho
mayor mi dicha ha hecho,
pues la de haber llegado a vuestra vista   215
bien juzgo que no dista
de la mayor que sucederme puede.
Y así, pues la ventura me concede
presagio tan dichoso habiéndoos visto,
no hay duda que bien quisto[37]   220
con la fortuna quedo
y asegurarme puedo
de que tras esta dicha
he de perder el miedo a la desdicha.
Que, aunque sea importuna,   225
sin duda he de burlar a la fortuna.

D. DIEGO   (*Ap.* ¡Válgame el Cielo! ¡Qué infeliz he sido!
¿Que este hombre a darme celos
y aumentar mis desvelos
de Italia haya venido,   230
cuando a casarme vengo
con doña Blanca Osorio?
Cuando en mi desposorio
mil dichas me prevengo,

---

37   *quisto*: «Querido, apreciado y estimado. Júntase regularmente con los adverbios bien o mal.» (*Aut.*)

	hallo, ¡quién tal creyera!,	235
	mi honor en duda mucha.	
	Pero, si el alma a la razón escucha,	
	bien puede ser que a doña Elvira quiera,	
	pues que ignoraba, dijo,	
	el nombre de su dama	240
	y así Nise la llama.	
	Pero, pues no colijo	
	qué nombre propio tiene,	
	mientras lo sé, disimular conviene.)	
	Tan entretenido he estado,	245
	don Juan, con vuestro suceso,	
	que ya deudor me confieso	
	del placer que me habéis dado.	
	Quiera el Cielo que gocéis	
	aquese dichoso empleo,	250
	como quiere mi deseo,	
	que esta afición[38] me debéis. (*Sale Galón.*)	

GALÓN   Llegué, señor, vi y vencí.[39]
        Entré al estrado,[40] hallé luego
        a tu esposa, dila el pliego   255
        y ella rasgó el carmesí[41]
        de la nema.[42]

D. DIEGO   Acaba ya.

GALÓN   Que llegué y vi he referido,
             fáltame el haber vencido;

---

38 *afición*: «Amor y voluntad.» (*Aut*)
39 Galón adopta la famosa frase «Veni, vidi, vinci», que Plutarco atribuye a Julio Cesar al finalizar la campaña del Ponto.
40 *estrado*: «El lugar donde las señoras se asientan sobre cojines y reciben las visitas.» (*Cov.*)
41 *carmesí*: «Seda de color roja.» (*Cov.*)
42 *nema*: «La cerradura de la carta.» (*Cov.*)

	aquí la vitoria está.	260
	Digo que albricias⁴³ pedí. (*Saca un bolsillo.*)	
	Tu esposa me las ha dado.	
	¡Mira si soy buen soldado,	
	pues que llegué, vi y vencí!	
Pasamano	(*Ap.*) Vos dejaréis la moneda	265
	o no seré Pasamano.	
	Y os la pagaré de mano,⁴⁴	
	cuando de puño no pueda.	
D. Juan	Don Diego, casado estáis;	
	mucho me huelgo, os prometo.	270
	¿Podré saber el sujeto?	
D. Diego	Sabréislo si me escucháis.	
	Ganada Salsas,⁴⁵ adonde	
	contra la francesa Lis⁴⁶	
	su reputación España	275
	recuperó con feliz	
	suceso, a Flandes pasamos	
	los dos juntos por servir	
	a Felipo Cuarto el Grande,⁴⁷	
	que en uno y otro cenit	280
	de su altivo nombre tiemblan	
	desde el bárbaro al gentil.	
	Murió mi hermano a este tiempo	
	y, como me vino a mí	

---

43   *albricias*. Ver nota al verso 25.
44   *pagaré de mano*: «Frase que vale cobrar alguno lo que le pertenece, en el mismo caudal que maneja.» (*Aut.*) Hay aquí un juego de palabras con el doble sentido de «pagar de mano», que significa pagar con el mismo caudal, pero que para Pasamano tiene también el sentido literal de dar un golpe con la mano.
45   *Salsas*: Ver nota al verso 71.
46   *Lis*: Es sinécdoque por Francia, porque la flor de lis es la flor de la casa de Borbón, la casa real de Francia.
47   *Filipo Cuarto el Grande*: Felipe IV, rey de España, (1605-65).

de mi casa el mayorazgo,⁴⁸ 285
fueme forzoso el venir
a la patria. Díos aviso
y, viendo que resistís
la jornada,⁴⁹ me embarqué.
Mas, ¡vive Dios!, que sentí 290
tanto el dejaros ausente,
que no pude distinguir,
siendo efecto de dos causas
mi pena, cual tuvo en mí
mayor parte: o ya la muerte 295
de mi hermano o el venir
sin vos a España. Confieso
que fue ingratitud civil,⁵⁰
pero pusiéronme pleito
al mayorazgo y así 300
fue forzosa mi asistencia.
Llegué en efecto a Madrid;
defendí mi patrimonio
y del suceso feliz
os di aviso. Bien entiendo 305
que no ignoráis hasta aquí
mis lances. A los siguientes
os convido ahora. Oíd:
vi a una dama desta Corte
(llámese Cloris,⁵¹ que así 310
a su fama le conviene)

---

48   *mayorazgo*: «El hijo primogénito en la casa noble, la cual hereda el mayor de los hijos (…) Llamamos también mayorazgo la misma hacienda destinada y afectada para el hijo mayor.» (*Cov.*)

49   *jornada*: «Jornada suele tomarse alguna vez por todo un camino que se hace, aunque sea de muchos días.» (*Cov.*)

50   *civil*: «En su recto significado vale sociable, urbano, cortés, político y de prendas propias de ciudadano; pero en este sentido no tiene uso, y solamente se dice del que es desestimable, mezquino, ruin, y de baja condición y procederes.» (*Aut.*)

51   *Cloris*: es el nombre de la diosa griega de las flores, Χλωριζ, Flora en la mitología romana.

que la vi basta decir
para deciros que absorto
a su beldad me rendí.
Sólo a matarme de amores,					315
a lo ameno de un jardín,
y a dar a flores envidia
por mirarla junto a sí,
salió Cloris una tarde
de las del risueño abril.					320
Siendo todo primavera,
vi a dos flores competir
sobre el tiempo. Una negaba
haber llegado el abril
y otra más cuerda decía					325
que le había visto venir.
Y, en fin, para convencerla
con argumento sutil
le dijo en lenguaje mudo:
«¿Cloris no es flor? Di que sí.					330
Pues quien es flor, ¿cómo pudo
menos que en abril salir?»
Hallose cerca una rosa,
cuyo lucido carmín
con suavidad exhalaba					335
fragancias de mil en mil,
y viendo de sus vecinas
la pendencia que entre sí
gustosamente alteraban,
queriéndolas despartir,[52]					340
halló medio[53] con que pudo

---

52   *despartir*: «Meterse de por medio de los que riñen, para ponerlos en paz.» (*Cov.*)
53   *medio*: «Se toma también por la diligencia o acción conveniente para conseguir alguna cosa.» (*Aut.*)

sabiamente persuadir:
que vino la primavera,
mas no vino en el abril.
«Pensaréis, -dijo amorosa- 345
por haber visto lucir
las flores de aqueste prado,
las plantas deste jardín,
que al abril debéis la dicha.
Es engaño, porque aquí 350
tanto verdor y frescura,
tanta luz, tanto festín,
si la verdad se contempla;
¿en qué puede consistir,
sino en la beldad de Cloris, 355
de la tierra serafín?»[54]
Dando remate a mi historia,
digo que a Cloris le di
parte de mi amor, mas ella
quiso esquiva resistir 360
a Cupido, que ya estaba
en mi favor. Pero, en fin,
a costa de mis suspiros
tanta dureza rendí.
Roguéla, pues, una noche, 365
que para mí fue infeliz,
saliese a escuchar mis penas
a un balcón. Mas, ¡ay de mí!,
que sabiéndolo su hermano
quiso arrojado[55] medir 370
con su destreza mi brío,

---

54 *serafín*: «Significa cierta orden de ángeles de la celestial jerarquía.» (*Cov.*) Y «metafóricamente se llama por ponderación al sujeto de especial hermosura.« (*Aut.*)
55 *arrojado*: «Vale por traslación resuelto, inconsiderado, intrépido y que pica en temerario y atrevido.» (*Aut.*)

de quien yo me resistí,
si no más fuerte, dichoso,
que fue causa de salir
mi contrario sin la vida.   375
Que no está de Dios, en fin,
que acompañen a un sujeto
lo alentado[56] y lo feliz.
Pasé a Portugal huyendo,
por parecerme que allí   380
seguro estaba hasta tanto
que juzgase convenir
volver a esta Corte. Un año
poco menos asistí[57]
en Lisboa. Y a este tiempo   385
fue el rebelión y motín
con que el de Berganza[58] quiso
su nobleza deslucir.
Viendo tan ciego alboroto,
antes morir escogí,   390
que no que tuviese el vulgo[59]
de mi opinión qué decir.
Y, aunque allí me amenazaron
si no quisiese rendir
a su intento la obediencia,   395
con aliento respondí
que era noble y caballero
y que hacer acción tan vil
no era propia de mi pecho,
aunque quisiesen en mí   400
ejecutar más rigores

---

56 *alentado*: «Hombre alentado, el que detiene el resuello sin desfallecer.» (*Cov.*)
57 *asistí*: Vivir o residir en algún lugar.
58 *el de Berganza*: Se refiere a João de Pereira, octavo Duque de Braganza.
59 *vulgo*: «Se toma también por el común modo de discurrir u opinar de la gente baja, o que sabe poco.» (*Aut.*)

que flores tiene el pensil[60]
de Italia, y más que de estrellas
el pabellón de zafir,[61]
que átomos[62] el Dios de Delo[63]   405
y que arenas el viril
salobre.[64] Saqué la espada
y, empezando a esgrimir,
de la novelera[65] plebe
todo el escuadrón rompí[66]   410
y aún les costó algunas vidas
el querérmelo impedir.
Mudando traje, en diez días
llegué a Badajoz y allí,
ya con el de Monterrey,[67]   415
ya con Garay,[68] de quien fui
ayudante, he militado,
haciendo siempre en la lid
acciones propias de quien
sólo apetece el morir.   420
Hasta que habrá quince días,

---

60 *pensil*: «Rigurosamente significa el jardín, que está como suspenso o colgado en el aire, como se dice estaban los que Semiramis formó en Babilonia. Hoy se extiende a significar cualquier jardín delicioso. Díjose Pensil, porque está como pendiendo.» (*Aut.*)
61 *pabellón de zafir*: se refiere al cielo.
62 *átomos*: La definición que de «átomos» da *Autoridades* explica por qué son éstos considerados partes del sol: «Se suelen llamar por su pequeñez las moticas que andan por el aire tan imperceptibles que sólo las vemos al rayo del Sol cuando entra por los resquicios de las ventanas y las llaman átomos del Sol.» (*Aut.*)
63 *Delo*: «Isla del mar Egeo; la más ilustre de todas las Cícladas, por haber Latona parido en ella a Apolo y Diana.» (*Cov.*) El Dios de Delos es Apolo.
64 *viril salobre*: se refiere al mar.
65 *novelera*: «Novelero, el que es amigo de traer nuevas.» (*Cov.*, s.v. novela.) Este vocablo tiene una connotación negativa asociada a todo lo novedoso, en cuanto a que lo nuevo rompe con la tradición.
66 *rompí*: «Vale también desbaratar u deshacer un cuerpo de gente unida.» (*Aut.*)
67 *el de Monterrey*: Manuel de Zúñiga y Acevedo, sexto conde de Monterrey y cuñado del Conde Duque de Olivares. Virrey de Nápoles.
68 *Garay*: Juan de Garay.

por cartas de un adalid[69]
que me corresponde,[70] tuve
nuevas del gustoso fin
que a mi desventura daba 425
el otorgar sólo un sí.
Viendo, pues, que nunca pude
medio mejor admitir,
a esta Corte di la vuelta.
Mas, ¡ay Dios!, que contra mí 430
se conjuraron mi ausencia
y haber nacido infeliz,
o lo que más cierto fuere:
ser Cloris mujer al fin.
Que en las escuelas de amor 435
es buen modo de argüir:
es mujer, luego mudable.[71]
Juzgo que para inferir
la consecuencia, es bastante
causa la que anoche vi, 440
pues descolgar una escala,
ver luego a un hombre subir,
acciones son con que puedo
temer un daño. ¡Ay de mí!
Sólo un refugio me queda 445
a que poder ocurrir,[72]
y es que una prima de Cloris
pudo, olvidada de sí,

---

69 *adalid*: «Es el que guía a otro y va enseñándole el camino que no es real, ni ordinario, sino encubierto y no hollado. En rigor se llama delid, mostrador; y porque de los adalides se fía todo un ejército.» (*Cov.*)

70 *me corresponde*: «Comunicarse por escrito o de palabra unos con otros, tener entre sí comercio y correspondencia, escribiendo y avisándose recíprocamente, desde una parte a otra, lo que ocurre.» (*Aut.*)

71 El tópico de la mujer mudable aparece en la literatura medieval y se repite a lo largo de todo el teatro barroco. Recuérdese el famoso poema de Pere Torrellas que comienza: «Quien bien amando persigue.»

72 *ocurrir*: «La toman algunos por acudir a alguna parte.» (*Aut.*)

>   hacer que su honor bajase,
>   yendo el galán a subir.⁷³   450
>   Y así, mientras no apaciguo
>   mi celoso frenesí,
>   averiguando estas dudas
>   es imposible decir
>   de cierto si estoy casado.   455
>   Pues será fuerza rendir
>   al cuchillo la garganta,
>   si Cloris me olvida así.
>   Pero, si fina⁷⁴ y constante
>   está como juzgué, mil   460
>   parabienes de mi dicha
>   procuraré introducir.
>   Daréle a Cloris esposo,
>   que la quiera más que a sí,
>   a su padre un hijo en cambio   465
>   del malogrado infeliz
>   y a vos un amigo firme,
>   como lo he sido hasta aquí.

D. JUAN   Yo lo soy vuestro, en efecto,
           y me holgaré que logréis   470
           la dicha que merecéis
           por galán y por discreto.

GALÓN   (*Ap.*) Si hoy a las ocho en un coche
           mi amo acaba de llegar,
           ¿cómo se pone a afirmar   475
           que estuvo en Madrid anoche?

---

73 Se alude mediante un juego de palabras a la pérdida del honor de la mujer producido por la entrada de un hombre en su habitación. La imagen del honor que cae al subir el galán al balcón de la dama se encuentra ya en *La Celestina*.

74 *fina*: «significa también amoroso, seguro, constante y fiel.» (*Aut.*)

>   Lindas mentiras compone.
>   Por Dios, que no ha estado mala
>   la de la prima y la escala.

PASAMANO   (*Ap.*) Bien mi intento se dispone,   480
           pues detrás de aquel cancel,⁷⁵
           si mal no me acuerdo, está
           un brasero. Él me dará
           la vitoria y el laurel.   (*Vase.*)

D. JUAN   Ir a visitar el Prado   485
           me da prisa ya, don Diego.

D. DIEGO   (*Ap.* Y en mí mi desasosiego
           engendra un nuevo cuidado).
           Id con Dios.

D. JUAN   Adiós, amigo.

D. DIEGO   (*Ap.*) Fortuna, pues de tu rueda⁷⁶   490
           temo el vaivén, haz que pueda
           saber la enigma⁷⁷ que sigo.

Vase cada uno por su parte. Sale Pasamano con un bolsillo
en la mano.

PASAMANO   Llena de carbones tengo
           otra bolsa como aquella.
           Si mi destreza da en ella,   495

---

75 *cancel*: «La clausura hecha de verjas entrejeridas, o sean de hierro o sean de palo. Éstas detienen la entrada, pero no quitan la vista ni el trato de los de dentro con los defuera, ni impiden el aire que no cuele de una parte a otra. Las que se ponen en las ventanas, para ver y no ser vistas las damas, porque a veces son invención de maridos celosos, se llamaron celogías en romance.» (*Cov.*)

76 *rueda*: «En sentido figurado vale la inconstancia y poca estabilidad de los sucesos y providencia humana.» (*Aut.,* s.v. rueda de la fortuna.)

77 El vocablo *enigma* es voz femenina en el XVII.

                linda maula[78] le prevengo.
                ¡Ah, caballero!

GALÓN   ¿Qué quiere?

PASAMANO   ¿Conoce voacé esta prenda?

GALÓN   ¡Jesús, que un hombre no atienda
                a guardar lo que tuviere!   500
                No es ésta la vez primera;
                que mil veces cada día
                doy en esa granjería[79]
                de dejar la faldriquera[80]
                sobre su palabra.

PASAMANO   Advierta   505
                que si como yo la hallé
                otro la hallara, no sé
                si la tuviera tan cierta.
                ¿Dónde pensara que estaba?
                Mire, en Madrid un criado   510
                ha menester gran cuidado.
                De aqueste modo colgaba.

Pónele la bolsa en la faldriquera, los cordones fuera pendientes y sácale la que él tiene en ella.

                (*Ap*. Lo que buscaba encontré
                Dios me dio buena ventura.)
                Pues la bolsa está segura,   515

---

78   *maula*: «Vale también engaño y artificio encubierto, con que se pretende engañar y burlar a alguno.» (*Aut.*)

79   *granjería*: «El modo de aumentar el caudal, criando ganado y vendiéndole, o comerciando con otras cosas.» (*Autoridades*).

80   *faldriquera*: «La bolsa que se trae para guardar algunas cosas, embebida y cosida en las basquiñas y briales de las mujeres, a un lado y a otro, y en los dos lados de los calzones de los hombres.» (*Aut.*, s.v. faltriquera.)

mire donde pone el pie.
Digo esto con afición,[81]
que ha de haber mucha amistad.
(*Ap*. Toda la dificultad
está en no ver el carbón.) 520
Adiós, amigo, a más ver.
(*Ap*. Esta vez la habéis mamado.)[82] (*Vase*.)

GALÓN   ¡Vive Dios que es hombre honrado!
A fe que no ha de perder
el hallazgo. Escribir quiero (*Siéntase a escribir*.) 525
de mi gasto breve suma.
¡Qué poco corre la pluma!
Derramóseme el tintero.
¿Agüeritos? No lo creo,
que por pecados los dan[83] 530
y mis dineros están
a buen recado. Yo leo
la memoria. Dice ansí:
«He de sacar un vestido
de mi nombre guarnecido[84] 535
y el forro de caniquí.[85]
No me olvido del tabaco,
de calzoncillos, calcetas,[86]
de escarpines,[87] de soletas[88]

---

81 *afición*: Ver nota al verso 252.
82 *mamado*: significa caer en el engaño.
83 La Iglesia Católica consideraba pecado los agüeros.
84 *guarnecido*: «De guarnecer se dijo guarnición que vale adorno, aderezo, que da fuerza y galantería juntamente a la cosa guarnecida. Guarnición de capa, y capa guarnecida; guarnición de espada, porque defiende la mano. (…) guarnecido lo que lleva guarnición.» (*Cov*.)
85 *caniquí*: «Especie de lienzo delgado de Indias, que se hace de algodón.» (*Aut*.)
86 *calcetas*: «La media de hilo que se calza en la pierna a miz de la carne, y regularmente debajo de las de seda, estambre o lana.» (*Aut*.)
87 *escarpines*: «Vale la funda de lienzo que ponemos sobre el pie, debajo de la calza, como la camisa debajo del jubón.» (*Cov*., s.v. escarpín.)
88 *soletas*: «Pieza de lienzo, u otra cosa, que se pone y cose en las medias, por haberse roto los pies de ellas. Es tomada esta voz del nombre Suela, por corresponder su asiento a la suela del zapato.» (*Aut*., s.v. soleta.)

y de un sombrero polaco. 540
Mas viéndome tan galán,
me dirá doña Fulana
para ir al Prado mañana.
No, no excuso el solimán,[89]
el arrebol[90] de Granada 545
y ligas con rapacejo.[91]
Mire que tengo ya viejo
el zapatillo. Encarnada
sea la media, el guardainfante[92]
venga bien con las enaguas.» 550
Bolsa, mucho te desaguas.
¿Si habrá dinero bastante?
Quiero verla. Mas, ¿qué es esto?

Vacía el bolsillo.

Sin duda son mis doblones
de duende,[93] pues en carbones 555
todo mi caudal ha puesto.
¡Gran vestido sacaré!
Así te anda. Es buena tela.
Él es lindo sanguijuela.
El mocito, ¡por mi fe!, 560
con aquel modo de hablar
tan meloso parecía
que mil virtudes vendía

---

89 *solimán*: Cosmético usado por las mujeres.
90 *arrebol*: «El color que se pone la mujer en el rostro, llamado así por ser de color encarnado.» (*Aut.*)
91 *rapacejo*: «El fleco liso y sin labor particular.» (*Aut.*)
92 *guardainfante*: «Cierto artificio muy hueco, hecho de alambres con cintas, que se ponían las mujeres en la cintura, y sobre él se ponían la basquiña.» (*Aut.*) El listado de prendas que pretende comprar Galón resulta exagerado para un criado y se convierte en completamente disparatado al incluir maquillajes, como el solimán y el arrebol, y un guardainfante, prenda reservada a las mujeres. Entre 1635 y 1639, especialmente, los moralistas atacaron el uso del guardainfante.
93 *doblones de duende*: El doblón era una moneda de oro. Alude a la creencia popular de que el dinero obtenido de duendes se volvía carbón.

                    y era todo por chupar
                    el zumo de mi bolsillo.   565
                    Honor, ¿qué hay que hacer aquí?
                    ¿Sacarele al campo? Sí.
                    ¿No será mejor sufrillo
                    y no que en el desafío,
                    cuando venganza procure,   570
                    lo bizarro⁹⁴ se me apure
                    o se me despida el brío,
                    y, advertido mi contrario
                    de ver mi poca destreza,
                    me dé un tanto⁹⁵ en la cabeza,   575
                    que por lo calvo es calvario?
                    ¡Oxte puto! ⁹⁶ Quien quisiere
                    vengarse riñendo, riña,
                    que yo le haré una rapiña,
                    si otra venganza no hubiere.   (Vase.)   580

                    Salen doña Elvira y doña Blanca.

D. ELVIRA   Contenta en extremo estoy
                    de tener tan buena nueva.
                    Quiera el cielo que os gocéis,
                    hermana, edades eternas,
                    que pues conoces mi amor,   585
                    evidente es la fineza.⁹⁷
                    ¿Dice si ha de venir presto
                    don Diego?

D. BLANCA   Bien lo desea
                    mi amor. Dentro de tres días,

---

94 *bizarro*: «Vale gallardía, lozanía.» (*Cov.*)
95 *tanto*: «Se toma también por golpe.» (*Aut.*)
96 *Oxte puto*: «Aparta, no te acerques, quítate.» (*Aut.*)
97 *fineza*: Ver nota al verso 71.

                    escribe, que será cierta 590
                    su venida. No me olvido,
                    Elvira, de aquella flecha
                    con que dijiste que amor
                    traspasa, hiere y penetra.
                    Han seguido los efectos 595
                    a la causa. Dame cuenta
                    de todo, hermana, pues sabes
                    que, si no fuere tercera,
                    seré la primera en gusto.[98]

D. ELVIRA   Oye pues y escucha atenta. 600
                    Vistoso un jilguerillo se pasea
                    y, repitiendo dulce melodía,
                    al campo y a las flores desafía,
                    contemplándose copia de Amaltea.[99]
                    Su libertad ejercitar desea, 605
                    mas, ¡ay!, que cuando piensa se desvía,
                    da en la prisión y allí canta a porfía
                    por ver si en su desdicha se recrea.
                    Jilguero fui vistoso en la campaña
                    que, compitiendo con el alba hermosa, 610
                    amor entre sus redes le enmaraña.

---

98   *tercera...primera*: La tercera era la alcahueta y la primera prostituta. Aunque doña Blanca está empleando aquí el termino primera en su significado estricto, es decir, que será la primera en alegrarse de los avances amorosos de su hermana, es posiblemente el público viese aquí una alusión burlesca al doble sentido del término primera, lo que queda especialmente respaldado por el hecho de que «tercera» significa indudablemente alcahueta en esta frase. Un juego de palabras muy semejante a este se encuentra en *El Buscón* de Quevedo (*Historia de la vida del Buscón llamado don Pablos, ejemplo de vagamundos y espejo de tacaños*. Ed. Victoriano Roncero López. Madrid: Biblioteca Nueva, 1999). Pablos hablando de su madre dice «Para unos era tercera, primera para otros y flux para los dineros de todos» (92). En su edición del texto Victoriano Roncero López explica: «El significado de la frase es que la madre de Pablos tanto como tercera (alcahueta) como primera (prostituta) se llevaba el dinero de todos (flux)» (92).

99   *Amaltea*: En la mitología romana es hija de Meliso, rey de Creta. Se encargó de amamantar a Júpiter con leche de cabra y miel. Amaltea se convirtió en símbolo de la frondosidad y riqueza vegetal.

                    Prendiome, al fin, en su prisión gustosa.
                    ¡Oh, cuánto sin razón, Amor, se engaña
                    quien dice que tu red no es red dichosa!

D. BLANCA   En fin, ¿quieres a don Juan   615
            de Mendoza?

D. ELVIRA   Sí. Y me espera
            en el Prado aquesta tarde,
            donde, si amor lo fomenta,
            daré alivio a mis congojas
            y desahogo a mis penas.   620

D. BLANCA   Si gustas que te acompañe,
            haré el oficio de Celia,
            que no siempre a las criadas
            se ha de dar de todo cuenta.

D. ELVIRA   Con tan singular favor   625
            tendré la vitoria cierta.

D. BLANCA   Pues alto. A tomar los mantos.

D. PEDRO   (*Dentro.*) Blanca, Elvira.

D. BLANCA   Aguarda, espera,
            que ha entrado mi padre en casa.

D. ELVIRA   Disimula, que ya llega.   (*Sale don Pedro.*)   630

D. PEDRO   Bien me puedes dar albricias.[100]

---

100   *albricias*. Ver nota al verso 25.

                De gusto el alma revienta.
                Tu esposo está ya en Madrid.
                ¡Ay, hija, si tú le vieras!
                Yo sé…

D. Blanca   ¿Pues cómo tan presto   635
                si escribió…?

D. Pedro   ¡Qué linda flema!
                Los deseos de quien ama
                en lugar de correr, vuelan.
                Yo he estado con él ahora.
                Es mozo de muchas prendas: 640
                bizarro,[101] galán… Adonis[102]
                no pudo hacer competencia
                a don Diego. Aquesta noche
                vendrá a verte. Está contenta
                con el desposado, hija,   645
                que yo sé que cuando vean
                tus amigas tantas partes[103]
                en don Diego de Ribera,
                te han de quedar envidiosas
                de la dicha que te espera.   650
                Ya, Blanca, tienes esposo.
                Tú también, Elvira, espera,
                que le has de tener muy presto
                con las partes que deseas.

Las Dos   Señor.

---

101 *bizarro*: Ver nota al verso 571.
102 Adonis simboliza la belleza masculina. En la mitología clásica es un mortal de quien se enamoran Venus y Perséfone.
103 *partes*: cualidades.

D. Pedro	No me digáis nada	655
	que ya sé que sois discretas;	
	y hacer lo que os he mandado	
	será la mejor respuesta. (*Vase.*)	

D. Elvira   Sin escucharnos se ha ido.

D. Blanca   La edad los padres renuevan   660
            con el gusto de los hijos.

D. Elvira   Sin duda en el Prado espera
            don Juan. ¿Qué habemos de hacer?

D. Blanca   Ahora las cinco y media
            son, no más. Mi padre dijo,   665
            que a casa daría vuelta[104]
            a las nueve con don Diego.
            Pues que vivimos tan cerca
            del Prado, que nuestra calle
            es la calle de las Huertas,[105]   670
            tiempo bastante tendremos.

D. Elvira   Entremos y haré que Celia
            cuidadosa a todo asista
            mientras volvemos.

D. Blanca   Aprisa,
            que se va pasando el tiempo.   675

D. Elvira   Si amor permite que sea

---

104 *daría vuelta*: Volvería, tornaría.
105 *calle de las Huertas*: Efectivamente la calle de Huertas estaba y está hoy muy cercana al Paseo del Prado en Madrid. La zona en la que se desarrolla esta comedia era el centro del ambiente literario y teatral de la época. En el barrio de Huertas residieron Lope de Vega, Quevedo, Góngora y Cervantes, y se encontraban los dos corrales de comedias de la capital: el del Príncipe y el de la Cruz, así como el mentidero de comediantes.

             don Juan constante en su fe,
             confesaré que sus flechas
             son disparadas del arco
             que el iris[106] de paz enseña. (*Vanse.*)   680

   Salen Pasamano y don Juan.

D. Juan   Amor mi locura   cura,
          porque en tan querida herida
          gane mi atrevida   vida,
          si se aventura   ventura.
          Cupido en blandura   dura.   685
          Será el desagrado   agrado,
          huirá el desdichado   hado
          y será mi acierto   cierto,
          el desconcierto   concierto,
          feliz el prestado   estado.   690

   Salen doña Elvira y doña Blanca con mantos.

D. Elvira ¡Qué alegre el campo apercibe
           la amenidad que enamora,
           desperdiciando de Flora[107]
           los tesoros que recibe!

D. Blanca Dichoso en un sauce vive,   695
           vecino de tanta flor,
           el melifluo ruiseñor,
           que por no dar celos canta;
           y así con su voz levanta
           los quilates del amor.   700

---

106   *iris*: Tiene aquí el sentido de arco del cielo.
107   *Flora*: Es la diosa romana de las flores.

| D. ELVIRA | Ya, si no me engaño, un hombre
está, hermana, en la estacada.[108] |
| D. JUAN | Pasamano, a la criada
has de preguntar el nombre
de mi dueño.[109] |
| PASAMANO | El sobrenombre[110]
le preguntaré también. | 705 |
| D. JUAN | Mira si parece[111] quien
deseo. |
| PASAMANO | ¿Si no es antojo
dos tapadas de medio ojo?[112] |
| D. JUAN | ¿Si será alguna mi bien? | 710 |
| PASAMANO | Pregúntalo y lo sabrás. |
| D. ELVIRA | (*Ap.*) Si mi corazón alcanza
lo que pretende mi fe,
Amor, sólo en ti pondré
el aplauso y la balanza.   (*Descúbrese.*) | 715 |
| D. JUAN | Ya se descubre. Yo llego. |

---

108 *estacada*: «La obra y reparo hecho con estacas clavadas en la tierra, o ya sea para encerrarse y pertrecharse con ellas: como sucedía en las guerras y milicia antigua, o para cerrar los huertos.» (*Aut.*)

109 *dueño*: La costumbre de llamar a la amada «dueño» o «señor» deriva de la poesía trovadoresca provenzal, de donde pasó a la poesía cancioneril peninsular. En esta poesía la relación entre amada y amante se veía como una de vasallaje feudal, en la que la amada era el señor y el amante el siervo.

110 *sobrenombre*: «El que se añade al nombre propio.» (*Cov.*, s.v. sobre.) Apellido.

111 *parece*: «Parecer» tiene en el siglo XVII el significado de aparecer.

112 Según la moda del momento era común que las mujeres españolas llevasen la mitad del rostro cubierto para no ser reconocidas, pero con el otro ojo descubierto para poder ver.

PASAMANO   El norte que sigues es.

D. JUAN   Ya lo entiendo.

PASAMANO   Llega pues.

D. JUAN   En el mar de amor navego;
             quedé a vuestra vista ciego,   720
             señora, después que os vi.
             Absorto el alma os rendí,
             con que empecé a agradeceros
             la dicha de conoceros,
             que fue la mayor en mí.   725

D. ELVIRA   Antes que os viese os amé,[113]
             porque si os amara y viera
             a un mismo tiempo no hubiera
             que agradecer a mi fe,
             y, según esto, se ve   730
             que se aventaja mi amor
             al vuestro, pues en rigor
             quien ha más tiempo que vive
             fuerzas mejores recibe
             y ostenta aliento mejor.   735

Hablan los dos aparte. Pasamano llega a descubrir a Blanca.

---

113 Se reproduce aquí el tópico de enamoramiento de oídas o de lejos propio del amor cortés y la poesía cancioneril. Aunque lo común en el amor cortés era que el hombre se enamorara de la mujer antes de haberla visto (pues en la tradición cancioneril española la dama siempre se muestra desdeñosa para con su amante), es aquí Elvira quien se ha enamorado de don Juan sin haberle visto. Enamorarse de oídas tenía más valor que enamorarse de una persona a la que ya se había visto, pues la belleza del ser amado es siempre de tal magnitud que, una vez percibida, el amor surgirá necesariamente, careciendo por tanto de mérito.

114 *barniz*: «Se llama por analogía el baño y esplendor, comúnmente dicho afeite, con que se componen el rostro las mujeres, hecho de varias aguas y otros ingredientes.» (*Aut.*)

115 *asombro del mayo*: se refiere al colorido del mes.

| Pasamano | ¿Podrá, señora, un lacayo
ver de ese rostro el barniz,[114]
el perfil de esa nariz
y aquese asombro del mayo?[115] | |
|---|---|---|
| D. Blanca | ¿Quiere, señor papagayo,[116]
serlo solamente? | 740 |
| Pasamano | Quiero,
con que me diga primero
el nombre de aquesa dama. | |
| D. Blanca | Doña Fulana se llama. | |
| Pasamano | Parece nombre extranjero.
(*Ap.* Ahora bien, con la bolsilla
la he de engañar, que es mujer,
y, si la ve, podrá ser
que me cante la cartilla.)[117]
Si vuesa merced se humilla
a responderme a mi asunto,
quedaré desde este punto
con nuevas obligaciones,
satisfaciendo en doblones,
señora, lo que pregunto. | 745

750

755 |
| D. Blanca | (*Ap.* Éste quiere usar de traza
y ha de ser el engañado.
Si vuesarced[118] da traslado
de ese bolsillo que abraza, | |

---

116 *papagayo*: «Al que habla algunas cosas bien dichas, pero que se conoce no ser suyas sino estudiadas, decimos hablar como papagayo.» (*Cov.*)

117 *me cante la cartilla*: «Leer a uno la cartilla es decirle alguna cosa lisamente sin rodeos y desengañarle a por a y be por be.» (*Cov.*, s.v. carta.)

118 *vuesarced*: contracción vulgar de «vuestra merced.»

	y aflojando la tenaza[119]	760
	la voluntad me granjea,	
	diréle lo que desea,	
	si es que lo quiere escuchar.	

PASAMANO   Si es tan presta en aceptar,
             señora, Dios la provea.   765
             Mas si en aquesto consiste
             el saber lo que pretendo,
             quien le estaba prometiendo
             de darle no se resiste.   (*Dáselo.*)

D. BLANCA   (*Ap.* Extremado ha sido el chiste.   770
             ¿Que aquí mi bolsillo esté?
             El cómo ha sido sabré
             en otra ocasión.) No ha una hora
             que sirvo a aquesta señora,
             y así su nombre no sé.   775
             Vuesa merced me perdone,
             y vuélvase por acá
             mañana, que en mí hallará
             quien el gusto le sazone.

PASAMANO   ¡Mal haya el hombre que pone   780
             su confianza en mujeres!
             Corazón, no desesperes,
             que si ésta ganó cien días
             de perdón,[120] si tú porfías,
             ganarás los que quisieres.   785

---

119 *tenaza*: tiene aquí el sentido de mano. Se llamaba tenazas a las uñas de los animales.
120 Alude al refrán «Quien hurta al ladrón gana cien días de perdón.» (*Corominas*.) Doña Blanca le ha robado la bolsa que él había robado anteriormente a Galón.

D. Elvira	En fin, ¿seréis firme?
D. Juan	Sí. ¿Vos constante?
D. Elvira	En adoraros. ¿Guardareisme fe?
D. Juan	En amaros. ¿Quereisme bien?
D. Elvira	Más que a mí.
D. Juan	Pues, si lo que pretendí 790 mediando Amor alcancé, diré alegre que os miré, para mi feliz empleo, cortesana en el aseo labradora en guardar fe.[121] 795
D. Elvira	Y yo en tan alegre estado, viéndome tan venturosa, agradeceré amorosa las licciones que he tomado de Amor. Aunque me ha costado 800 tanta pena el aprender, hasta que llegué a saber, logrando vuestro favor, que a los principios Amor enseña mucho a querer. 810

---

121 Los versos «cortesana en el aseo / labradora en guardar fe» forman parte del estribillo de una canción que cantan los músicos en el primer acto de *Reinar después de morir* de Luis Vélez de Guevara (Madrid: Espasa Calpe, 1959), vv. 1-3. El estilo y el uso que Vélez de Guevara hace de estos versos hace pensar que procedieran de un romance popular de la época.

122 *dio al través*: «Lo mismo que Dar al traste.» *Dar al traste*: «Metafóricamente vale destruir alguna cosa, abandonarla o perderla.» (*Aut.*)

PASAMANO	Mi dinero dio al través.[122]
	¡Vive Dios, si no llegara
	su ama, que le quitara
	el bolsillo a puntapiés!
	Pero yo sabré después 815
	adquirir lo que perdí.

| D. ELVIRA | Idos, señor, por allí, |
| | sin seguirme. Yo os lo pido. |

| D. JUAN | Pues adiós, dueño[123] querido. |

| D. ELVIRA | Vamos, doña Blanca. |

| D. BLANCA | Sí. (*Vanse.*)   820 |

PASAMANO	A doña Blanca nombró
	una de ellas. Claro está
	que a la señora será,
	que la que conmigo habló,
	aunque no se descubrió, 825
	que era criada no hay duda.
	Y así, cuando mi amo acuda
	a oír de su dama el nombre,
	le diré, como muy hombre,
	lo que le debe a mi ayuda. 830

Vase. Sale don Diego.

| D. DIEGO | Curioso al Prado he salido |
| | por averiguar mis celos |

---

123 *dueño*: Ver nota al verso 705.

               y, aunque siento los desvelos
               con que me aflige Cupido,
               sacar a luz no he podido   835
               a quién adora don Juan.
               Elvira y Blanca me dan
               celos ésta, aquélla vida,
               pero en duda tan crecida
               celos sin duda serán.   840

D. JUAN   ¿En fin, Pasamano, dices
              que doña Blanca se llama
              el objeto de mi amor?

PASAMANO Ya dije que la criada,
              movida del interés,   845
              que el oro todo lo alcanza,
              alegre cantó de plano;[124]
              y viendo cuán bien lo canta,
              luego al momento le puse
              lo que prometí en la manga.[125]   850
              En fin, que Blanca dijo,
              por no dejarme sin blanca.[126]

D. JUAN   Digo que la diligencia
              fue, Pasamano, extremada.
              Yo satisfaré tu empeño.   855

PASAMANO Beso mil veces tus plantas,
              porque temiendo tu enojo,
              temblando, señor, estaba.

---

124 *cantó de plano*: «Confesar uno todo lo que se le pregunta y sabe.» (*Aut.*)
125 *manga*: Regalo para sobornar.
126 *blanca*: «Moneda menuda (…). No haber blanca, no tener dinero. (…) Blanca es nombre propio, y le han tenido grandes señoras.» (*Cov.*) Se juega con el doble significado de la palabra «blanca», que es nombre de mujer en el verso 851, pero moneda de poco valor en el verso siguiente.

	(*Ap.* No será muy gran delito	
	engañar, pues que me engañan.	860
	Pero, pues de cierto sé	
	el nombre de doña Blanca,	
	para cobrar mis doblones	
	lícita juzgo esta traza.) (*Vase.*)	
D. Diego	Don Juan está allí. Su lengua	865
	quiero ver si se declara.	
	¿Cómo os fue, señor don Juan,	
	en la amorosa batalla?	
D. Juan	Don Diego, amigo, vencí,	
	porque firme doña Blanca	870
	(que este es el nombre que os dije,	
	si os acordáis, que ignoraba)	
	aumentó mis presunciones	
	hoy con nuevas esperanzas.	
D. Diego	(*Ap.*) Doña Blanca dijo. ¡Cielos!	875
	Aún peor está que estaba.	
D. Juan	¿Cómo, don Diego, os fue a vos?	
	¿Sacasteis a luz la causa	
	de vuestras penas? Hablad.	
D. Diego	(*Ap.* ¿Qué he de hacer en dudas tantas?	880
	El descubrirle mis celos	
	no da remedio, antes daña;	
	pues en sabiendo que soy	

---

127 *medio*: Ver nota al verso 341.
128 *acudir*: «Cuidar, asistir y socorrer a alguno.» (*Aut.*)

su enemigo, cosa es clara
que hará recato de mí, 885
si antes no se recelaba.
Pero un medio[127] se me ofrece
para acudir[128] a mis ansias.)
Yo he coligido[129] mis dichas,
don Juan, de vuestras palabras, 890
porque, siendo doña Elvira
a quien yo Cloris llamaba
porque no la conocieseis,
fingí aquello de la escala,
recelando que pudiera 895
ser Elvira vuestra dama.
Pero, pues decís que fino[130]
tenéis a Blanca en el alma,
satisfecho de mis dudas,
las doy ya por bien lloradas. 900
(*Ap*. Con esto quito en don Juan
el cuidado y vigilancia
con que ocultara su pecho,
si a saber mi amor llegara.
Galantearé a doña Elvira; 905
que pues con celos su hermana
me mata, justo es que celos
de celos sean triaca.[131]
Y a verlas iré esta noche,
pues que su padre me aguarda.) 910

D. Juan   Don Diego sois de Ribera.

---

129 *coligido*: «Inferir, deducir, hacer argumento y consecuencia de una cosa a otra, por lo que se ha visto, leído u oído.» (*Aut*.)
130 *fino*: Ver nota al verso 459.
131 *triaca*: «Es un medicamento eficacísimo compuesto de los muchos simples, y lo que es de admirar los más dellos venenosos, que remedia a los que están emponzoñados con cualquier género de veneno.» (*Cov*.)

             Por amigo os estimaba,
             pero ya nuestra amistad
             mucho más firme se enlaza
             con vínculos más estrechos   915
             y obligaciones más altas.

D. Diego   (*Ap*. Vuestro amigo fuera siempre,
             si los celos me dejaran.)

D. Juan   Ya va cerrando la noche.

D. Diego   Pues adiós, hasta mañana.   920

D. Juan   Adiós, don Diego.

D. Diego   Él os guarde.

Jornada Segunda

Salen doña Blanca y Celia con billete.[132]

D. Blanca ¿Dístele, Celia, el papel?

Celia No, señora.

D. Blanca Di, ¿por qué?

Celia A dónde vive no sé
don Diego, que, como está   925
recién venido a Madrid,
ha mudado ya de casa.

D. Blanca Cosa es que por muchos pasa.
Y aún lo tiene por ardid,
para ocultarse mejor.   930

---

132 *billete*: «Papel pequeño doblado en formas diversas con que recíprocamente se comunica la gente en cosas de poca consecuencia, y se evita la equivocación de los recados tan común en los familiares.» (*Aut.*)

| Celia | Dime, señora, ¿qué escribes?
Que, si no me engaño, vives
con disgusto y poco amor. |

| D. Blanca | Celia, no te has engañado,
porque mi poco sosiego   935
está en mirar a don Diego
sin amor y con enfado.
Visitome el otro día,
pero muy cortés estaba;
que es señal que amor se acaba   940
si empieza la cortesía.
Mira si tengo razón
de estar con pena y sin gusto,
siendo el quejarme tan justo
desta celosa pasión.   945
¿Has visto, Celia, una fuente
que las plantas lisonjea
y en el prado se pasea
cristalina y transparente?
Cuando allí un clavel retoza   950
con sus ondas sucesivas,
ofrece en flores nativas
lo que de cristales goza.
Pero si acaso el raudal
lo liberal[133] le limita,   955
queda la planta marchita,
triste, sin flor y mortal.
¿Qué piensas que es el amor,
sino una planta que vive |

---

133 *liberal*: «El que graciosamente, sin tener respeto a recompensa alguna, hace bien y merced a los menesterosos, guardando el modo debido para no dar en el extremo de pródigo.» (*Cov.*)

	con el riego y dél recibe	960
	vida, frescura y verdor?	
	El riego con que amor crece	
	es la recíproca unión;	
	y con esta perfección	
	gustos por flores ofrece.	965
	Pero si al contrario está	
	y no llega a la corriente,	
	es el gusto el que lo siente	
	y penas por flores da.	
	Mas di, Celia, ¿de qué suerte	970
	le enviaré aqueste papel?	
	Pues que te digo que en él	
	está mi vida o mi muerte.	
CELIA	Si él a doña Elvira adora,	
	aguardándola ha de estar	975
	que venga a misa. Al pasar,	
	puesto en un guante, señora,	
	muy fácilmente podrás	
	darle el papel.	

Dale Celia el papel que traía a doña Blanca.

D. BLANCA	Ya te entiendo.	
	De tu ingenio me suspendo.[134]	980
	Celia, no me digas más.	
	Sólo a doña Elvira avisa	
	cómo aguardándola estoy	
	puesto el manto. (*Vase.*)	

---

[134] *suspendo*: «Significa también arrebatar el ánimo y detenerlo con la admiración de lo extraño, o lo inopinado de algún objeto o suceso.» (*Aut.*)

| Celia | Luego[135] voy.
Mas con su cara de risa
sale Elvira. (*Sale Elvira con un papel.*) | 985 |

| D. Elvira | Este escribí
para que Celia le lleve
a quien el alma me debe.
Leerle quiero, dice ansí: (*Lee.*)
«Si como decís amáis,
si queréis como sentís
y si el amor no fingís,
don Juan, como confesáis,
holgaréme que vengáis
a verme; porque podéis
esta noche, si queréis,
mostraros firme y amante,
que de las diez adelante
en un balcón me hallaréis.»
Celia. | 990

995 |

| Celia | Señora. |

| D. Elvira | A buscarte
he salido. Éste a don Juan
has de dar. | 1000 |

| Celia | ¿A aquel galán? |

| D. Elvira | Sí, Celia, o dalo al criado;
pero ha de ser con cuidado. |

---

135 *Luego:* Ver nota al verso 124.

Celia	Así lo haré. ¿Mas no ves	1005
	que está mi señora ya	
	para ir a misa esperando?	

D. Elvira Pues yo, Celia, voy volando.
           Cuidado.

Celia   A mi cuenta está
           para don Diego en un guante,   1010
           don Juan estotro me dio.
           Lindas devociones rezan
           mis amas. ¡Con qué dulzura,
           válgame Dios, se murmura!

Pasamano Mis intentos se enderezan   1015
          a buen fin, pues hasta aquí
          sin que me viesen entré;
          mas sin duda yo encontré
          todo cuanto pretendí.
          Fementida,[136] engañadora,   1020
          o mis doblones me vuelve,
          o a decirme te resuelve
          el nombre de tu señora.

Celia   ¿Hay cuento más extremado?
          ¿Qué señora o que doblones?   1025

Pasamano Acortando de razones.
          Advierta que ya me enfado.

Celia   (*Ap*.[137] Este endemoniado está
          o borracho, porque yo

---

136 *Fementida*: «El que ha quebrado su palabra.» (*Cov*.)
137 Incluyo un aparte que no se encuentra en ninguna de las fuentes.

                    ni le he visto, ni él me vio   1030
                    en su vida. ¿Qué será?
                    Deste modo lo veré.)

                         Hácele la cruz.

                    Huye, traidor, de la cruz.

PASAMANO   Quite, quite allá esa cruz,
                    y mis doblones me dé.   1035

CELIA   Que está endemoniado es cierto,
                    pues la divina señal
                    le ofende. Yo estoy mortal.[138]
                    Daré voces. ¡Hola, Alberto,
                    Julián, Galindo, socorro!   (*Huye.*)   1040

PASAMANO   Mucha gente va viniendo;
                    mejor es irme escurriendo
                    y no que andemos al morro.[139]

*Vase y salen don Diego y don Juan tirando de un guante,
cada uno por su parte.*

D. JUAN   Don Diego, el guante soltad.

D. DIEGO   El pensarlo es desvarío.   1045

D. JUAN   ¿Qué pretendéis de esa suerte?

D. DIEGO   Obligaros atrevido
                     con la violencia a dejarle,
                     ya que cortés no he podido.

---

138   *mortal*: «Se dice del que tiene o está con señas o apariencias de muerto.» (*Aut.*)

139   *andemos al morro*: «Frase vulgar, que vale lo mismo que reñir, empelotarse los unos contra los otros, y contender de obra y de palabra.» (*Aut.*)

| D. Juan | Será vuestro intento vano, | 1050 |
| | siendo yo quien lo resisto. | |

| D. Diego | Dos partes lo habemos[140] hecho. | |
| | Mas, ¡cielos!, ¿qué es lo que miro? | |

| D. Juan | (*Ap.*) Estafeta[141] ha sido el guante. | |
| | ¿Hay caso más peregrino?[142] | 1055 |

D. Diego	(*Ap.*) Un papel encierra en sí.	
	Admirado solicito	
	ver si en sus confusos rasgos	
	hallan mis penas alivio. (*Lee.*)	
	«Don Diego, mi amor aspira	1060
	a solamente quereros.	
	Mucho me holgaré de veros	
	esta noche. Doña Elvira.»	
	Juráralo yo que amor	
	ha dado en ser mi enemigo.	1065
	Por darle celos a Blanca,	
	a doña Elvira he servido.	

D. Juan	Leyendo he estado el papel	
	y, aunque en dos partes le admiro,	
	como si entero estuviera	1070
	entero tiene el sentido.	
	Con más atención le leo;	
	segunda vez le registro,	
	que es más que para una vez.	
	Dice ansí. Yo le repito: (*Lee.*)	1075

---

140 *habemos*: Es la forma aún no sincopada del actual «hemos».
141 *Estafeta*: «El correo ordinario de un lugar a otro, que va por la posta y tomó el nombre de la estafa, que es el estribo. Y en cuanto éste va a caballo y corre la posta se diferencia del correo de a pie y del que lleva recua, que también se llama ordinario, pero no estafeta.» (*Cov.*)
142 *peregrino*: «Cosa peregrina, cosa rara.» (*Cov.*)

«Gusta de que me queráis,
mi amor por veros ofrece.
La hora será, si os parece,
las diez. Mirad que vengáis.
Siempre vuestra. Doña Blanca.») 1080
Dadme ese papel, don Diego,
pues sé que el favor es mío.

D. Diego   Es engaño, por mi vida,
según lo que en él he visto,
pues doña Elvira me escribe, 1085
aunque estoy favorecido.
Y así no sólo a no darle
me resuelvo, mas pediros
éste que tenéis es fuerza.

D. Juan   (*Ap*. De aqueste papel colijo 1090
que me engaña en lo que dice.
Siendo don Diego mi amigo,
¿qué intento tendrá? Pues viendo
sin firma el suyo, fingirlo
de Elvira será sin duda 1095
contra mi amistad delito.
Alguna causa le mueve
que ignorante no apercibo.
Pues sí, él engañarme intenta
como aleve[143] y falso amigo.) 1100
¡Vive Dios!, que habéis de darme
guante o papel, o atrevido
he de vengar este agravio
con los acerados filos.

---

143   *aleve*: «El que es traidor, que se levanta contra su señor.» (Cov.)

                    Que no es fina[144] la amistad,   1105
                    si es el amigo fingido.

D. DIEGO   (*Ap.* Dársele no me conviene,
                    pues según lo que imagino
                    es traza para probarme
                    y averiguar mi designio.   1110
                    Pues si el papel de mi dama
                    le doy, ando poco fino,[145]
                    dando lugar a sospechas
                    y que él colija, advertido,
                    que no es Elvira mi dueño,[146]   1115
                    pues sus favores no estimo.
                    Y es pensar que de cobarde
                    le doy y al miedo me rindo.)
                    Lo que quisiereis haced,
                    don Juan, que lo dicho dicho.   1120

D. JUAN   Pues los dos a Elvira y Blanca
                    acompañando venimos
                    a este templo, que es la Iglesia
                    de los Frailes Capuchinos,
                    a cuya puerta este guante   1125
                    fue en dos partes dividido,
                    por estar cerca del Prado
                    no hallo público este sitio.
                    Y así, sacad el acero,
                    que para ejercer los bríos   1130
                    el sitio con la ocasión
                    nuestros celos han medido.

---

144 *fina*: «Lo que en su especie es perfecto y acabado, que ha conseguido su fin en buena o en mala parte.» (*Cov.*)
145 *fino*: Ver nota al verso 459.
146 *dueño*: Ver nota al verso 705.

| D. Diego | Que el sitio es a propósito no niego.
El acero sacad. Riñamos luego.[147] |

Riñen y salen al paño[148] *Pasamano y Galón.*

| Pasamano | Vamos, que riñen nuestros amos. |

| Galón | Quedo.[149] | 1135 |

| Pasamano | ¿Si se matan los dos? |

| Galón | No tengas miedo. |

| D. Juan | Bizarro[150] estáis. |

| D. Diego | Y vos fuerte. |

Sale don Pedro con la espada desnuda y pónese en medio.

| D. Pedro | Caballeros, ¿qué es esto? ¿Desta suerte
descompuestos[151] los dos? ¿Qué ha sucedido?
Dejad las armas ya, pues yo lo pido. | 1140 |

| D. Juan | Que a esta ocasión llegase no lo entiendo. |

| D. Diego | Mal mi cólera y furor suspendo. |

---

147 *luego*: Tiene en el siglo XVII el significado de «pronto» o «inmediatamente» que conserva aún en algunos países de Latinoamérica.
148 *al paño*: Las fachadas de los teatros madrileños estaban divididas en nueve espacios, cada uno de ellos cubiertos por una cortina. J. M. Ruano de la Haza explica así su uso: «La primera función de las cortinas era permitir las entradas y salidas de los actores. Su segundo uso fundamental es convencional: el personaje que quería ocultarse de otros personajes en el tablado y ser visto al mismo tiempo por el público, salía 'al paño', asomando su cabeza por la cortina.» (en *Los teatros comerciales del siglo XVII y la escenificación de la comedia*, p. 364).
149 *Quedo*: «Quiere decir tanto como pasito y con tiento.» (*Cov.*)
150 *bizarro*: Ver nota al verso 571.
151 *descompuestos*: «Descompostura: atrevimiento y desmesura.» (*Cov.*, s.v. descomponer.)

D. Juan	Ya os obedezco.
D. Diego	Yo del mismo modo.
D. Pedro	Pues sepa yo de la pendencia el todo.
	Referidla, don Juan, o vos, don Diego; 1145
	a cualquiera de entrambos os lo ruego.
D. Diego	Don Juan os la dirá. (*Ap.* Fingir conviene.)[152]
D. Juan	Mal fingirá quien tal enojo tiene. (*Ap.*)
Pasamano	Ya don Pedro de Osorio en paz los pone.
Galón	¿No se lo dije yo? Calle y perdone. 1150
D. Juan	Pasábamos los dos por una calle,
	encontré a don Diego, llegué a hablalle
	y, en efecto, sobre una cortesía
	se vino a alborotar nuestra osadía.
	De un lance en otro al Prado hemos venido. 1155
	Llegasteis vos al ruido.
	Ahora falta que al daño deis remedio,
	o dejadnos matar, que desta suerte
	cualquiera cumple aquí con una muerte.
D. Pedro	¿Qué es matar? Primero 1160
	se teñirá de púrpura mi acero
	que os deje proseguir. Don Juan, mi amigo
	fue vuestro padre y tanto que conmigo

---

[152] Incluyo este aparte por ser necesario a pesar de no aparecer en ninguna de las fuentes.

                    comunicaba siempre de su pecho
                    los íntimos secretos, satisfecho   1165
                    de mi firme amistad. No habréis sabido
                    que fue tan grande, pues no habéis querido
                    mandarme que ejecute vuestro gusto
                    en ocasión alguna.

D. Juan   Yo me ajusto
                    sólo a serviros viendo lo que gano.   1170

D. Pedro   Pues a don Diego habéis de dar la mano,
                    porque es ya sangre mía.

D. Diego   Impertinente está, por vida mía. (*Ap.*)

D. Pedro   Cumplido habéis con el rigor del duelo.

D. Juan   Sólo a mi industria[153] y mi valor apelo.   1175
                    Don Diego, ésta es mi mano.

D. Diego   Esta es la mía.

D. Pedro   En el pecho no cabe mi alegría.

D. Juan   Mirad que es fingido. (*Sin oírlo don Pedro.*)

D. Diego   Ya os entiendo.
                    A reñir volveremos en pudiendo.

D. Pedro   Ya que amigos os veo   1180

---

153 *industria*: «Es la maña, diligencia y solercia con que alguno hace cualquier cosa con menos trabajo que otro. Hacer una cosa de industria, hacerla a sabiendas y adrede, para que de allí suceda cosa que para otro sea acaso y para él de propósito; puede ser en buena y en mala parte.» (*Cov.*)

            y que cumplido tengo mi deseo,
            quiero sepáis que es mi mayor contento
            venir de San Jerónimo al convento
            a oír de la misa el sacrificio
            casi todos los días. No fue indicio,   1185
            no, de vuestro pesar que acaso[154] vine
            a aqueste sitio, porque no imagine
            alguno de los dos tan temerario
            que a ruegos he venido del contrario.

D. Juan   Tened, don Pedro, que por mi parte[155]   1190
            siempre tuve a don Diego por un Marte.[156]

D. Diego   Pues yo tan satisfecho
            estoy, don Juan, de vuestro noble pecho,
            que si recelo alguno a mí llegara
            ¡vive Dios que conmigo me enojara!.   1195
            Por tan bizarro os tengo,
            aún cuando contra vos valor prevengo.

D. Pedro   Bien queda encarecido.
            Entrambos con vitoria habéis salido.

D. Diego   (Ap.)[157] Veréislo presto,[158]   1200
            porque a reñir, don Juan, estoy dispuesto.

Galón   Nuestros amos se van. Tras ellos vamos.

Pasamano   Justo es que, pues riñeron, que riñamos.

---

154 *acaso*: «Lo que sucede sin pensar, ni estar prevenido, decimos haber sido acaso y de improviso.» (*Cov.*)
155 A este verso le falta una sílaba.
156 *Marte*: Es el dios romano de la guerra y por tanto símbolo de la valentía.
157 Incluyo un aparte que no se encuentra en ninguna de las fuentes.
158 Este verso está incompleto.

GALÓN   (*Ap.*) La ocasión es terrible.

PASAMANO   El dejar de reñir es imposible.   1205
                       Señor Galón, vuesa merced discurra.

GALÓN   (*Ap.*)[159] Este quiere pegarme alguna zurra.[160]
                       Tras cornudo, apaleado.[161]

PASAMANO   ¿Tiénelo vuesarced muy bien pensado?
                       Saque la espada y quítese de voces,   1210
                       que habemos de reñir, ya que veloces
                       nuestros amos se fueron.
                       Que pues de cierto vimos que riñeron,
                       será ocasión bizarra, ¿quién lo duda?,
                       reñir también los dos.

GALÓN   (*Ap.*) Qué me suceda   1215
                       temo en aquesta ocasión.

PASAMANO   (*Ap.*) Desta suerte
                       de bravo me acredito y aun de fuerte
                       provocándole a miedo;
                       con que seguro quedo
                       de que venganza de la burla tome.   1220

GALÓN   (*Ap.*[162] ¡Que nadie ahora por el Prado asome!
                       Válgame aquí los nueve de la fama.[163]

---

159 Incluyo esta didascalia que no se encuentra en ninguna de las fuentes.
160 *zurra*: «Se toma por el castigo que se da a alguno, especialmente de azotes, o golpes.» (*Aut.*)
161 Correas recoge estos dos refranes: «Tras cornudo, apaleado, y ambos satisfechos» y «Tras cornudo, apaleado, y mandábanle bailar, y aun dicen que baila mal.»
162 Incluyo esta didascalia que no se encuentra en ninguna de las fuentes.
163 *los nueve de la fama*: Los nueve de la fama eran los grandes héroes. Se dividían en tres grupos: los de la antigüedad clásica (Héctor, Alejandro Magno y Julio César), los bíblicos (Josué, David y Judas Macabeo) y los modernos, que cambiaban, aunque los más nombrados eran Arturo, Carlomagno y Godofredo de Bouillon.

Ya el miedo por las venas se derrama.)
¿No se le acuerda a usted que el otro día
(*Ap.*)[164] el cogote[165] del vientre se me enfría) 1225
la palabra me dio de ser mi amigo?
Cuando ahora le mate, ¿qué consigo?

PASAMANO El mundo no se espanta
de que al Ñarro de Andújar[166] le quitase
la coima[167] flores[168] sin que se enojase. 1230
Meta mano y sabrá bastantemente
si es Pasamano osado y es valiente.

Saca la espada.

GALÓN (*Ap.*)[169] En este breve rato he ya pensado
un remedio, del miedo aconsejado.
Ello ha de ser así: saber pretendo 1235
si son menos las nueces que el estruendo.[170]
De falso le envidé[171] y echóme el resto.[172]

Saca la espada.

Lindamente la traza se ha dispuesto.
Mi ingenio la vitoria se promete.

---

164 Incluyo esta didascalia que no se encuentra en ninguna de las fuentes.
165 *cogote*: «Díjose de coca que vale cabeza en lenguaje antiguo castellano.» (*Cov.*)
166 *Ñarro de Andújar*: Es un famoso personaje del hampa a quien Calderón dedicó la jácara titulada *El Ñarro de Andújar*.
167 *coima*: «La mujer del Coime o la que tiene cuidado, junto con su marido, sea de un prostíbulo o de una casa de juego.» (*Léxico*)
168 *flores*: «Trampa de cualquier tipo que sea, generalmente en el juego de naipes, pero también en el de dados y otros juegos.» (*Léxico*)
169 Incluyo esta didascalia que no se encuentra en ninguna de las fuentes.
170 Correas recoge el refrán «Más el ruido que las nueces, cagajones descabece.»
171 *envidé*: «En el juego de naipes apostar los jugadores antes de descubrir las cartas.» (*Léxico del marginalismo*.) Envidar en falso o de farol es apostar sin tener cartas propicias para ganar, esperando que el oponente se retire pensando que uno tiene la victoria clara.
172 *echóme el resto*: «Poner hombre toda su diligencia y fuerzas para hacer algún negocio.» (*Cov.*, s. v. resto.)

PASAMANO   Vence de ruin a ruin el que acomete, 1240
           según dice el refrán. Seré el primero.

Riñen desde lejos y a los primeros golpes cae Galón.

GALÓN   Valedme, santos cielos, que me muero.
           Confesión, confesión, confesión pido.

PASAMANO   Gente ha venido, ya yo soy perdido.
           Escapar me conviene. 1245
           Mas, ¡ay!, que mi delito me detiene;
           que es casi casi permisión divina
           no sepa un agresor donde camina.

Vase Pasamano dejándose la capa y la espada con el miedo.

GALÓN   Mejor ha sucedido que pensaba,
           pues, mientras escaparse procuraba, 1250
           dejó capa y espada. Buen soldado.
           De la pasada burla me he vengado.
           Con aquesta espadilla
           he de sacarle de oros la malilla.[173]

Vase y sale Celia con manto y turbada.

CELIA   La turbación, el susto y el cuidado 1255
           en que me puso aquel endemoniado
           perder me hizo el papel de doña Elvira.
           Fuerza ha de ser decirle una mentira.
           ¿Cómo la formaré? Deme su ayuda
           un sastre.[174]

---

173 *malilla*: «Carta que en algunos juegos de naipes forma parte del estuche y es la segunda entre las de más valor; en oros y copas se toma el siete por malilla, y en espadas bastos y bastos el dos.» (*DRAE*) Como si de un juego de cartas se tratara, Galón pretende recuperar su dinero, los oros, mediante el uso de la espada.

174 *sastre*: Son múltiples las burlas de los sastres en toda la literatura áurea. Se los acusaba de mentirosos y ladrones, pues se decía que cuando alguien necesitaba hacerse una prenda llevaba al sastre la tela y éste argumentaba precisar más de la verdaderamente necesaria quedándose así con el resto del tejido. Este verso está incompleto.

Salen don Juan y doña Elvira.

D. Elvira   No os aguardaba tan presto. 1260
Decid, don Juan, ¿cómo ahora
llegáis hasta mi aposento,
arriesgando el que conozca
mi padre nuestros desvelos
y la pasión amorosa 1265
con que os adoro?

D. Juan   (*Ap.*) ¡Oh, qué bien
esto y el papel conforman!
¿Qué pretendería don Diego
con acción tan fabulosa?

Celia   (*Ap.*) Doña Elvira le ha culpado, 1270
porque vino por la posta[175]
a verla; que en el papel
le señalaba la hora,
aunque los amantes siempre
las adelantan. Ahora 1275
retírome hasta que pase
esta tormenta engañosa,
que después yo tendré modo
para dejar estas cosas;
que Circe[176] conmigo es mandria[177] 1280
y Celestina[178] muy boba. (*Vase.*)

D. Elvira   A las diez os esperaba.

---

175 *por la posta*: «Prisa, presteza y velocidad con que se ejecuta alguna cosa.» (*Aut.*)
176 *Circe*: En la mitología clásica una poderosa bruja que transformaba a sus enemigos en animales.
177 *mandria*: «Despreciable o por ser tonto o por ser cobarde; de baja categoría.» (*Léxico del marginalismo*.)
178 *Celestina*: «Nombre de una mala vieja que le dio a la tragicomedia española tan celebrada. Díjose así *quasi Scelistina, a scelere*, por ser malvada alcahueta embustidora.» (*Cov.*)

                    Que la hija de Latona,[179]
                    aunque a Febo[180] sustituya,
                    nace al tiempo que la Aurora.   1285

D. JUAN   Quizá por darnos lugar,
                    prudente oculta su antorcha,
                    porque no hay mayor cordura
                    que retirarse el que estorba.
                    Confieso que vuestro gusto,   1290
                    según el papel informa,
                    es que por estos balcones,
                    que airosamente se adornan
                    de oro y azul, esta noche
                    firme, tierna y cariñosa   1295
                    me favorezcáis, si ayuda
                    el concurso[181] de las sombras
                    a nuestro intento. Que hay gustos
                    de condición tan puntosa[182]
                    que, en llegando a ser noticias,   1300
                    parece que no se gozan.
                    Sabiendo que vuestro padre
                    en casa no asiste[183] ahora,
                    no quise dejar de veros;
                    porque fuera acción odiosa   1305
                    y el corazón lo sintiera
                    como pena suya propia.
                    Y así, desahogad el miedo;
                    que ya que tiempo nos sobra,

---

179 *la hija de Latona*: es Diana. En la mitología clásica Latona dio a luz en un mismo parto a Diana y Apolo. Diana es la luna, es decir, la noche, y Apolo el sol, es decir, el día. Diana, a pesar de ser la noche, «nace al tiempo que la Aurora», porque nació en el mismo parto que su hermano Apolo-Febo.

180 *Febo*: en la mitología clásica es otro de los nombres que recibe Apolo.

181 *concurso*: «Concurrencia, asistencia o ayuda que se da para alguna cosa.» (*Aut.*)

182 *puntosa*: «Lo que contiene en sí punto de honra, o que procura conservar la buena opinión y fama.» (*Aut.*)

183 *asiste*: Estar presente.

	no será bien que nos falte	1310
	gusto para tantas glorias.	
D. Elvira	(*Ap.* Bien hizo Celia el negocio.	
	Diole el papel cuidadosa.)	
	Yo os agradezco, don Juan,	
	vuestras finezas,[184] pues todas	1315
	conozco que de vos nacen	
	sin afeite[185] de lisonja.	
	Y así, quien un guante os dio	
	sabrá, si amor no se enoja,	
	daros…	
D. Juan	¿Qué? Decidlo presto.	1320
D. Elvira	Quiera el cielo se disponga	
	como mi afecto desea,	
	para que diga mi boca	
	el sí que en el corazón	
	está esculpido y me exhorta	1325
	a ser vuestra. Ya lo dije:	
	daros la mano de esposa.	
D. Juan	Tantos favores el alma	
	cómo agradecer ignora. (*Dentro ruido de pasos.*)	
D. Elvira	Escuchad. ¿Qué ruido es este?	1330
	Mi padre viene y, si os topa	
	en mi aposento, ha de ser	

---

184 *finezas*: Ver nota al verso 71.
185 *afeite*: «El aderezo que se pone a alguna cosa para que parezca bien, y particularmente el que las mujeres se ponen en la cara, manos y pechos, para parecer blancas y rojas, aunque sean negras y descoloridas, desmintiendo a la naturaleza y, queriendo salir con lo imposible, se pretenden mudar el pellejo.» (*Cov.*) Como puede apreciarse en la definición de Covarrubias el uso de afeites tenía connotaciones negativas.

(¿quién lo duda?) tan forzosa
mi muerte. ¡Difunta estoy!
Retiraos a aquella alcoba.   1335
Pero no, que ese retrete[186]
a los jardines se asoma.
Reparad: luego[187] en entrando
está una escalera angosta.
De la puerta del jardín   1340
ésta es la llave de loba.[188]   (*Dale una llave.*)
Venid por ella esta noche,
don Juan, a la misma hora,
porque el hablar por balcones
es acción escandalosa.   1345

D. JUAN   En todo haré vuestro gusto.

D. ELVIRA   Pues adiós.

D. JUAN   Adiós, señora.

Vase y quedándose al paño don Juan, y sale don Diego.

D. DIEGO   Blanca me viene siguiendo
y piensa que no la veo.
A medida del deseo   1350
se dispone, a lo que entiendo,
el intento que pretendo:
que es ver a Blanca con celos,
porque si los tiene (¡ay, cielos!)
es señal que tiene amor   1355
y habrá remedio mejor
para aplacar mis desvelos.

---

186   *retrete*: «El aposento pequeño y recogido en la parte más secreta de la casa y más apartada.» (*Cov.*)
187   *luego*: Ver nota al verso 124.
188   *llave de loba*: «Se dijo a similitud de los dientes del lobo, que son sus guardas.» (*Cov.*, s.v. lobado.)

D. Juan	Despedirme sin aliento,	
	doña Blanca, tan aprisa,	
	y ver que don Diego pisa	1360
	de mi dama el aposento,	
	cuando apenas yo me ausento	
	pensando qué me conviene,	
	algún fundamento tiene	
	contra mi amor. ¡Qué crueldad!	1365
	Sacaré a luz la verdad.	
	Sabré don Diego a qué viene.	

D. Elvira	Quien llamaba era don Diego.	
	Digo que no me pesara	
	que a don Juan conmigo hallara,	1370
	porque coligiera[189] luego	
	la llama de nuestro fuego.	
	Y fuera buena ocasión,	
	porque necio y sin razón	
	por mí a doña Blanca olvida,	1375
	y ella llora enternecida	
	su mal pagada afición.[190]	

Sale doña Blanca al paño por la puerta que salió don Diego.

D. Blanca	Sin que ninguno me vea,	
	podré escuchar desde aquí.	
	¡Cuán desdichada nací,	1380
	pues cuando mi amor se emplea	
	viendo en don Diego su idea,	
	en vez de lograr favores,	
	examino mil rigores	

---

189 *coligiera*: Ver nota al verso 879.
190 *afición*: Ver nota al verso 252.

	que a más amor me ocasionan;[191]	1385
	pues si celos me apasionan,	
	crisol[192] son de mis amores!	

D. ELVIRA   Señor don Diego, ¿podré
              saber a qué habéis venido?

D. DIEGO   Si aplicáis el oído, 1390
              mi pretensión os diré.

D. ELVIRA   Curiosa atención tendré,
              como palabra me deis
              que por mí una cosa haréis.

D. DIEGO   Yo os la doy.

D. ELVIRA   Pues ya os escucho. 1395

D. DIEGO   Amor, con mil penas lucho.

D. BLANCA   Decid, celos, ¿qué queréis?

D. DIEGO   Llegar a adorar, señora,
              vuestra singular belleza
              fuerza fue en mí, no fineza.[193] 1400
              Supuesto que nadie ignora
              que es Venus vuestra deudora,
              Cupido vuestro ejemplar.[194]
              Pues tenéis para matar

---

191   En el amor cortés el sufrimiento del amante aumenta su amor y, puesto que nunca es correspondido, cuanto más ama, más desdichado es.
192   *crisol*: «Vaso de cierta tierra arenisca, de la hechura y forma de un medio huevo, en que los plateros funden el oro y la plata, y los acendran y acrisolan.» (*Aut*.)
193   *fineza*: Ver nota al verso 71.
194   *ejemplar*: modelo.

gentileza sin desaire, 1405
valentía en el donaire,
y donaire en el mirar;
imperio en el albedrío,
con que rendís la afición;[195]
dominio en el corazón, 1410
con que avasalláis el brío;
bizarría que al desvío
lugar negándole está;
agravio que, en fin, podrá
matar de amor a Cupido. 1415
¿Quién como vos le ha tenido?
¿Quién como vos le tendrá?
El que sois vos solamente
la que en lo hermoso reináis
(sin que a Paris lo debáis, 1420
para que Venus se afrente)[196]
pruébase bastantemente.
Pues cuando al valle no va
vuestra belleza, quizá
por no encender nuevos fuegos, 1425
gustosos desasosiegos
en el valle ¿quién los da?
Perdonad mi atrevimiento,

---

195 *afición*: Ver nota al verso 252.
196 Mediante esta alusión al mito del juicio de Paris pondera don Diego la belleza de su amada. Según la leyenda Éride, diosa de la Discordia, no fue invitada a las bodas de Peleo y Tetis, pero apareció en la fiesta y dejó sobre la mesa una manzana de oro en la que estaban grabadas las palabras «Para la más bella.» Tres diosas, Juno, Minerva y Venus, se consideraron a sí mismas las destinatarias, lo que provocó una discusión en la que no quiso intervenir Júpiter, quien envió a Mercurio para que trajera a un mortal, Paris, y que fuera éste quien tomara la decisión. Cada diosa le ofreció un regalo si era la elegida y él optó por Venus, quien le prometía a la mujer más bella de la tierra, Helena. Como consecuencia Paris raptó a Helena, dando lugar a la guerra de Troya. En opinión de don Diego, la hermosura de su dama es tal, que de haber estado presente en las bodas de Peleo y Tetis, no hubiera sido necesario recurrir a Paris para escoger a la mujer más bella.

si es atrevimiento amar,
pues me puede disculpar, 1430
cuando no mi rendimiento,
ver que nadie queda exento,
nadie tiene inmunidad.
Que es siempre vuestra beldad,
por lo galante y altiva, 1435
quien libertades cautiva,
quien roba la libertad.
Si a miraros me provoco,
hallo en vuestro rosicler[197]
que es mucho para mujer, 1440
si para diosa no es poco.
Siendo lo menos que toco
y alcanzo desta verdad
ver que en vos vuestra beldad
a un mismo tiempo asegura 1445
altiveces de hermosura,
con secretos de deidad.[198]
Despídanse los rigores.
Cese, señora, el desdén.
Presente tenéis a quien, 1450
para lograr sus amores,
pretende en vuestros favores
todas sus dichas copiar;
que los aciertos de amar,
sin temer de amor enojos, 1455
si los niegan vuestros ojos,
¿dónde se podrán hallar?

---

197 *rosicler*: «El color encendido y luciente, parecido al de la rosa encarnada.» (*Aut.*)
198 La hipérbole sacra es uno de los recursos más empleados por la poesía cancioneril. Consiste en considerar a la amada una diosa. Uno de los casos más famosos de hipérbole sacro-profana se encuentra en *La Celestina*. Cuando Sempronio pregunta a su amo Calisto si es cristiano, él le contesta: «Melibeo soy, y a Melibea adoro, y en Melibea creo, y a Melibea amo» (Francisco de Rojas. *La Celestina: tragicomedia de Calisto y Melibea*. Barcelona: Crítica, 2000. 36).

D. Blanca	Un Etna ardiente es mi pecho.
D. Juan	¡Ah, traidor! ¡Ah, falso amigo!
D. Blanca	¡Que esto usa el amor conmigo!

1460

D. Juan	¡Que esto sufra mi despecho!
D. Blanca	Que me ha de matar sospecho, pena que tanto me cuesta.
D. Juan	Mi muerte está ya dispuesta, si Blanca a quererle aspira.

1465

D. Blanca	Quiero ver que dice Elvira.
D. Juan	Quiero escuchar la respuesta.
D. Elvira	¿Tenéis más que decir?
D. Diego	Sí, pero decirlo no puedo, que tengo, señora, miedo de que me suceda a mí lo que con el frenesí a uno que agotar procura con su vista la luz pura de Febo,[199] si resplandece, que ciego después se ofrece en pago de su locura.[200]

1470

1475

---

199 *Febo*: Ver nota los versos 1284 y 1477.
200 Mediante una metáfora mitológica Moreto reelabora el tópico cancioneril del enloquecimiento del amante. Se decía que Apolo-Febo conducía el carro del Sol, por lo que se le consideró el dios del Sol e incluso se le tomó por el sol mismo. Del igual modo que aquel que mira al sol continuamente en un intento de poseer su luz se vuelve loco y queda ciego, también el amante queda ciego y loco tras contemplar y desear la belleza de la amada.

| D. Elvira | Ya, don Diego, os escuché
y ya de empeño salí.
Falta que lo que os pedí
cumpláis ahora. | | 1480 |

| D. Diego | No sé,
conociendo vos mi fe,
como en mandarme dudáis. |

| D. Elvira | Porque temo que os volváis
atrás, don Diego, en sabiendo
que lo que de vos pretendo
sólo es que no me queráis. | 1485 |

D. Diego   (*Ap.*) No deseaba yo otra cosa.

D. Juan   Albricias[201] al alma pido.

| D. Blanca | No es poco que haya querido
en pena tan cuidadosa
estar tan poco amorosa
Elvira, porque, en rigor,
será el disgusto menor
y se alegrarán mis celos,
si don Diego en sus desvelos,
no puede alcanzar favor. | 1490

1495 |

| D. Elvira | Yace un monte que desata
por la boca de una gruta
un raudal que se disputa |

1500 |

---

201 *Albricias*. Ver nota al verso 25.

sobre si es cristal o plata,
y en lo violento retrata
lo veloz de una saeta,
o ya del agua cometa
tan ligero se agilita, 1505
que de rayo se acredita
su temeridad inquieta.
Veréis que al bajar al valle
paso a un peñasco le pide
y en dos partes se divide 1510
por no poder ablandarse.
Y aquel que no hallaba calle
por donde arrojar su aliento,
no tiene ahora talento
para decir lo que ha sido. 1515
Que nadie hay que dividido
no padezca detrimento.
Es amor de aquesto prueba,
pues si a dos partes se inclina,
que es cosa en él peregrina[202] 1520
y en su condición muy nueva,
no hayáis miedo que se mueva.
Tan fino[203] como a un respeto
es querer perfectamente,
y esto se hace solamente 1525
amando sólo un sujeto.
Yo, don Diego, quiero bien
en otra parte, y así
no será razón que aquí
reparta mi amor con quien 1530

---

202 *peregrina*: Ver nota al verso 1055.
203 *Fino*: Ver nota al verso 1105.

quiere otra dama también,
o a lo menos la ha querido.
Que no sé yo si el olvido
en vuestro amor tiene asiento,
porque dicen hará ciento 1535
quien hacer uno ha sabido.[204]
Aplicad esas finezas,[205]
señor, a quien las estima.
El ciego amor se reprima,
cesen ya las asperezas, 1540
mirad que tantas tibiezas
matando a mi hermana están.

D. Diego   Eso no se compadece,[206]
señora, con el papel,
que me aseguráis en él, 1545
que antes que el aurora[207] empiece,
esta noche me amanece
vuestro brillante esplendor.
Por señas, que el portador,
que era engaste soberano 1550
de vuestra divina mano,
estafeta[208] fue de amor.

D. Juan   ¿Hay traición que a ésta se iguale?
Matarele, ¡vive el Cielo!,
porque en tanto desconsuelo 1555
mi venganza me señale.
Por esta puerta se sale

---

204   *hará ciento / quien hacer uno ha sabido*: Correas recoge el refrán: «Quien hace un cesto, hará ciento; y si tiene mimbres y tiempo, un cuento.»
205   *finezas*: Ver nota al verso 71.
206   *compadece*: «Vale también venir bien, confrontar o convenir una cosa con otra.» (Aut.)
207   *aurora*: puede ser en el siglo XVII vocablo femenino, tal y como aparece usado en los versos 170 y 1285, o masculino, como en este caso.
208   *estafeta*: Ver nota al verso 1054.

	a otra calle diferente.	
	No quiero que se me ausente	
	mientras por ella me voy;	1560
	que ahora celoso estoy	
	y es bien que vengarme intente.	

D. Elvira ¿Yo, don Diego, os envié
           papel a vos en mi vida?
           ¿Yo guante os di agradecida?   1565

D. Diego   Digo, señora, que fue
           el billete²⁰⁹ vuestro.

D. Blanca (*Ap*. Eché
           el resto ²¹⁰ de mi cordura.)
           Perdiole mi desventura.
           (*Ap*. Sufrir más es imposible.)   1570

D. Elvira Ya, don Diego, estáis terrible.
           Huiré de vuestra locura.

D. Diego   Pues yo hasta la cuarta esfera²¹¹
           seguiré vuestra esquivez.

Vase doña Elvira por la puerta donde está don Juan. Sale él a detener a don Diego, y ella se queda al paño.

D. Juan   No podréis por esta vez.   1575

D. Elvira Ver qué sucede quisiera.

D. Diego   ¿Vos aquí? Fuerza es que infiera

---

209 *billete*: Ver nota al verso 922 acot.
210 *Eché el resto*: Ver nota al verso 1237.
211 *cuarta esfera*: La cuarta esfera es la esfera del fuego.

              el que sois común de dos
              en el amor, pues a vos,
              si una hermana os favorece,   1580
              otra su cuarto os ofrece.
              No lo entiendo, vive Dios.

D. Juan   Aquí no hay más que entender
              que seguirme.

D. Diego   ¿A dónde vais?

D. Juan   Adonde vos obligáis   1585
              con vuestro mal proceder.

D. Elvira   ¡Qué desdichada mujer!
              «Si una hermana os favorece,
              otra su cuarto os ofrece.»
              Don Diego lo dijo así.   1590
              Si Blanca quiere, ¡ay de mí!,
              a don Juan, mi amor fenece.

D. Juan   Al sitio de hoy podéis ir
              que allá os espero, don Diego.

D. Elvira   Esto faltaba a mi fuego.   1595
              Quiérole ir a divertir.[212]

Éntrase. Vase don Juan por la puerta donde está doña Blanca y ella se oculta mientras pasa, y en yéndose vuelve a salir.

              Que no me viese al salir
              se lo debo a este cancel.[213]

---

212 *divertir*: «Apartar, distraer la atención de alguna persona para que no discurra ni piense en aquellas cosas a que la tenía aplicada, o para que no prosiga la obra que traía entre manos.» (*Aut.*)
213 *cancel*: Ver nota al verso 481.

D. Diego   Al campo voy, porque en él
             mi valor vengarse espera.   1600

Quiere don Diego irse y sale a detenerle doña Blanca.

D. Blanca   Tened vos desta manera.

D. Diego   Quiero fingir yo sin él.   (*Turbado y aparte.*)

D. Blanca   Vuestra turbación me dice,
             don Diego, vuestro delito;
             que turbarse el sobrescrito[214]   1605
             que haya inocencia desdice.
             Mal caballero, villano,
             desde ese cancel oí
             cosas que la lengua aquí
             copiar las pretende en vano.   1610
             Daros pensaba la mano
             de esposa, mas, ya que aleve[215]
             veo que mi amor no os mueve,
             ni mi firmeza os provoca,
             la sentencia se revoca,   1615
             pues mi fe tan poco os debe.
             ¿Veis en el valle una flor
             que del abril es testigo,
             o ya del mayo el abrigo
             es del prado pundonor?   1620
             ¿Veis como llega al color
             la abeja, en herir penosa,
             y va librando a la rosa
             su floreciente frescura?

---

214 *sobrescrito*: «Metafóricamente se toma por la fisonomía del rostro.» (*Aut.*)
215 *aleve*: Ver nota al verso 1100.

>   Pues luego paga en dulzura   1625
>   cuanto roba bulliciosa.
>   Va luego un áspid[216] cruel,
>   y aunque a la misma flor chupa,
>   nadie habrá visto que escupa
>   como la abejuela miel.   1630
>   Antes, por lo que al clavel
>   le lamió, veneno da.
>   Que en los sembrados está
>   puesto por razón de estado,
>   dar mal por lo bien logrado,   1635
>   que olvidar es poco ya.
>   Áspid[217] ingrato habéis sido,
>   don Diego, para mi amor,
>   pues marchitasteis la flor
>   y el veneno[218] habéis vestido.   1640
>   Vísteos favorecido
>   esta mañana de mí;
>   sabéis que yo sola fui
>   quien guante y papel os dio;
>   en veneno lo trocó   1645
>   vuestro pecho para mí.
>
> D. Diego Necedad fuera, señora,
>   negar lo que visto habéis,
>   pero advertid que no veis
>   el suceso desde afuera;   1650
>   pues pudiera ser que hubiera
>   disculpa en mí suficiente,
>   que hay ocasión tan urgente

---

216 *áspid*. El áspid es una serpiente venenosa que simboliza la maldad, la lujuria o la envidia.
217 *Áspid*: Ver nota al verso 1627.
218 *veneno*: Lo que da inquietud y desazón.

| | que muchas veces obliga
               a que con la voz se diga   1655
               lo que el corazón no siente.

D. Blanca   Más he llegado a sentir
               el que os queráis disculpar,
               pues me vendréis a engañar
               segunda vez, y a mentir.   1660
               Necia fuera en admitir
               disculpas a vuestro error,
               mirando en vos, ¡qué rigor!,
               que a doña Elvira adoráis.
               Muy bien empleado estáis.   1665
               Lograd, señor, vuestro amor.

Hace una reverencia y vase doña Blanca.

D. Diego   Tente, ingrato[219] homicida,
               mira que en tu desdén pierdo la vida.
               Mas, ¡ay!, que como aleve[220] no la estimas,
               poco de mis congojas te lastimas.   1670
               ¿A qué hombre en el mundo ha sucedido
               verse de tantas dudas combatido?
               En favor de mi amor a don Juan veo
               de Elvira en el retrete,[221] cuando creo
               que es quien de Blanca goza los favores,   1675
               porque él publica a voces sus amores.
               Y, en tan confusa duda,
               a mis celos ayuda
               ver que don Juan, si a doña Elvira amara,
               desde luego su amor me declarara,   1680

---

219   En la poesía cancioneril era común referirse a la amada usando apelativos masculinos.
220   *aleve*: Ver nota al verso 1100.
221   *retrete*: Ver nota al verso 1336.

y, en fin, no defendiera
tanto el papel, mas antes me le diera,
en sabiendo que no era de su dama;
que nadie quiere más de lo que ama.
Y así a colegir vengo   1685
que son justos los celos que dél tengo.
Pero luego otra duda me acomete:
y es cómo aquel billete
dice Blanca ser suyo,
cuando yo a doña Elvira le atribuyo   1690
y la firma que tiene
a declararle fácilmente viene.
¡Cielos! De dudas tales
nacen mis penas, mis mayores males.
Don Pedro me amenaza con la muerte,   1695
si no me caso luego. ¡Lance fuerte!
Don Juan me desafía:
o ya celoso, o ya de demasía.[222]
Doña Elvira de ingrato me baldona,[223]
pensando que pregona   1700
mi pecho endurecido
que a doña Blanca he puesto ya en olvido.
Mas todo fuera poco
sin la pena que toco,
porque ésta al alma llega   1705
y lo vital al corazón le niega.
Doña Blanca, (¡ay de mí!, ¿cómo lo digo?),
mi pecho de mis ansias es testigo,
por otro me desprecia
loca, atrevida y necia.   1710

---

222 *demasía*: «Todo lo que es superfluo; y algunas veces significa agravio y descortesía.» (*Cov.*)

223 *baldona*: «Vale denuesto o palabra afrentosa con que damos en rostro al que menospreciamos y tenemos en poco.» (*Cov.*, s.v. baldón.)

Pues, si ella me quisiera,
que yo me disculpara agradeciera;
porque es propio de dos que se enamoran
y en sus finezas[224] gustos atesoran,
si alguno llega a cometer la culpa, 1715
buscarse el ofendido la disculpa.
Mas, si admitirla a quien la da no quiere,
que no quiere querer muy bien se infiere.
Y deste modo muerte, desafío,
oprobio, ingratitud, celos, desvío, 1720
de tan dudoso amor han procedido,
para quitarme el bien que ya he perdido,
para matarme en fin. Y aún esto es poco.
Los celos bastan a volverme loco.
¿Qué será lo demás? Paciencia, cielo, 1725
pues que me ha puesto en tanto desconsuelo,
pues que me ha puesto en muerte tan penosa,
de aquel papel la confusión dudosa.

---

224 *finezas*: Ver nota al verso 71.

Jornada Tercera

Salen don Diego y Galón de noche.[225]

D. Diego	Lo que Blanca me detuvo
	bastó para que no hallase 1730
	a don Juan. Él se fue luego,
	juzgando que era ya tarde
	y, pues que yo no había ido,
	era en vano el esperarme.
	Buscarele y vengaré 1735
	de mi opinión[226] el ultraje,
	que no es justo que imagine
	que no salí de cobarde.
Galón	¿Tu amor todo ha de ser guerras?
	¿No harás un día las paces? 1740
D. Diego	Esta noche se han de ver

---

225 *de noche*: Quiere decir en traje de noche.
226 *opinión*: «Significa también fama o concepto que se forma de alguno.» (*Aut.*)

          en bien trocados mis males.
          Blanca me envió por Celia
          habrá una hora ésta. Es la llave
          del jardín. Y así colijo   1745
          que vive firme y constante
          en mi amor. La puerta es ésta,
          y se ve sola la calle.
          ¿Oyes Galón?

GALÓN   Sí, señor,
          porque me dijo mi madre,   1750
          cuando me puso al estudio,
          que para Oidor[227] estudiase.
          Y gracias a Dios salí
          tan consumado en el arte,
          que nadie dice secreto   1755
          que de mí pueda escaparse.

D. DIEGO Deja las burlas ahora.

GALÓN   Como ellas quieran dejarme,
          yo las dejaré.

D. DIEGO Pues mira.

GALÓN   Ya miro, y aún de parte   1760
          de mi miedo el que sean
          todas las cosas tan grandes.
          Vive Dios que nada veo,
          que es la oscuridad notable.

---

227 *Oidor*: «Juez de los supremos en las chancillerías o consejeros del rey, dichos así porque oyen las causas y lo que cada una de las partes alega.» (*Cov.*) El gracioso Galón hace un juego de palabras con el doble significado de la palabra «oidor»: el que oye y juez.

| D. Diego | ¡Qué necio estás! ¿Serás hombre | 1765 |
| | para guardarme esta calle? | |

GALÓN   ¿La calle no más?

D. Diego   ¿Es poco?

GALÓN   Miren qué bolsón de reales.
         Entra seguro, señor,
         que yo hago pleito homenaje²²⁸   1770
         que a cualquiera hora que vuelvas
         la hallarás aquí, que nadie
         la ha de llevar, que es pesada.

D. Diego Deja ahora disparates,
         que no estoy para escucharlos,   1775
         y di si podrás guardarme
         las espaldas.

GALÓN   Sí, señor,
         que en Madrid es cosa fácil,
         pero si te vas a Italia
         el diablo que te las guarde.²²⁹   1780

D. Diego Por Dios, Galón, que imagino
         que has de venir a obligarme
         a que a puntapiés te quite
         tan enfadosos donaires.

GALÓN   Sosiégate, pues, señor,   1785

---

228 *pleito homenaje*: «Obligación y servidumbre en que se constituye la persona libre, por razón de bienes u honor que recibe, o por pacto que hace con otra persona superior o igual, sometiéndose a la pena de infidelidad o infamia si no la cumple.» (*Aut.*)
229 Hace referencia a la fama de homosexuales que tenían los italianos.

ten paciencia y no te enfades,
que en esta espada verás
desacreditado a Marte;[230]
porque apenas habrá hombre
que por este barrio pase,   1790
que no me diga quién es,
lo que lleva, lo que trae,
a dónde va, lo que piensa,
sus acciones, lo que hace,
si es corcovado,[231] si es zurdo,[232] [233]   1795
si es tuerto y calvo, si es sastre,[234]
si es barbado, si es gigante,
si refiere en San Felipe[235]
lo que no ha pasado en Flandes,
si es abogado en la barba,   1800
o si es médico en los guantes,[236]
si es fraile en lo diligente,
o si es monja en el lenguaje,
si es pobre, si es regalado,[237]
si es rico, si es miserable,   1805

---

230 *Marte*: Ver nota al verso 1191.
231 *corcovado*: «La persona o cosa que tiene el defecto de tener corcova o corcovas.» *Corcova*: «El bulto que se levanta sobre las espaldas a los que son contrahechos o lisiados del espinazo o del pecho.» (*Cov.*) Los corcovados eran objeto de burla por parte de sus contemporáneos.
232 *zurdo*: Los zurdos tenían fama de malvados y de mal agüero.
233 Desde este verso hasta el verso 1812 no están en S, pero sí en A. Los incluyo como válidos, a pesar de no ser imprescindibles para comprender el sentido del pasaje. En el tercer acto hay tres ejemplos de este tipo, es decir, fragmentos que no aparecen en la fuente S, pero sí en A. En uno de los casos el fragmento es totalmente necesario para que el texto tenga sentido, de donde deduzco que posiblemente todos los casos hayan sido olvidos del copista de S.
234 *sastre*: Ver nota al verso 1260.
235 *San Felipe*: es el mentidero madrileño.
236 Según la iconografía de la época los abogados eran siempre representados con barba y los médicos con guantes, por eso si Galón ve pasar a un hombre con barba o guantes, sabrá que se trata de un abogado o un médico.
237 *regalado*: «Regalado, el que se trata con curiosidad y con gusto, especialmente en su comida.» (*Cov.*, s.v. regalo.)

>   si es casado y tiene suegra,
>   y si en sufrirla es un mártir,
>   si es criado que en latín
>   están su ración y gajes,[238]
>   si es poeta jornalero, 1810
>   que es peor que mendicante;[239]
>   porque de aquesta aduana
>   no ha de poder escaparse
>   hombre alguno. (*Ap*. Como él quiera
>   decírmelo y declararse.) 1815
>   Mal conoces a Galón.
>   Entra, señor, sin turbarte,
>   que aquí me dejas a mí,
>   (*Ap*. como si a nadie dejases.)

D. DIEGO   Eso sí, Galón, no digan 1820
            que está superfluo ese talle,
            sino que el valor en ti
            compite con lo galante.
            Yo me voy. Cuidado.

GALÓN   Adiós.

Llega a la puerta don Diego y estará dentro doña Elvira.

---

238 *gajes*: «El acostamiento que el príncipe da los que son de su casa y están en su servicio.» (*Cov.*) « Tributo que los rufianes de poca categoría o los ladrones pagan a los principales.» (*Léxico del marginalismo.*) Los estudiantes tenían fama de tener poco dinero y era común que pagasen a sus criados permitiéndoles asistir con ellos a las lecciones de la universidad, que se impartían en latín. De ahí la alusión de Galón a los criados que recibían sus gajes o pagas en latín, es decir, escuchando las clases.

239 Se incluye aquí una burla a los malos poetas, que pueden ser jornaleros, es decir, que trabajan de sol a sol a cambio del pago de un jornal, o mendicantes, quienes, como los clérigos mendicantes, viven de limosnas. Los malos poetas serían, según esto, aquellos que tenían que buscar constantemente quien les pagara algo por su producción, al contrario de los grandes escritores de la época que recibían la protección de algún noble u otro personaje privilegiado.

| D. Diego | ¡Oh, si cesasen mis males! | 1825 |
| | La puerta es ésta. Ya abrí. | |

D. Elvira Esperando estoy constante.
Entrad, don Juan, sin temer,
que ya se acostó mi padre.

D. Diego (*Ap.* ¡Cielos! ¿Qué es lo que escucho?   1830
Ya mi dolor es más grave.)
¿Es doña Blanca?

D. Elvira   (*Ap.* ¡Ah, traidor!
Ciertos fueron mis pesares.)
(*A él.*) Doña Blanca soy, entrad,
(*Ap.* aunque vengáis a matarme.   1835
Así averiguar pretendo
de mis celos las verdades.
Si en quien a su dama olvida,
verdades pueden hallarse.)

D. Diego (*Ap.* ¡Ay de mí! Fingir conviene.   1840
Della misma he de informarme.)
Ya os obedezco, señora.
¡Cesen, cielos, los desaires! (*Entre.*)

D. Elvira El corazón en el pecho
con tantas penas no cabe.   1845

Entra doña Elvira y cierra la puerta.

Galón Rabiando estoy por dormirme;

        mucho es que el sueño me cargue
        y el miedo a un tiempo. No hay cama
        que a estos portales se iguale.
        Vuélvome de estotro lado   1850
        y los que pasaren pasen,
        que huelen mucho los poyos[240]
        y no es olor de estoraque.[241]

Échase. Salen don Juan, de noche,[242] *y Pasamano con capa muy vieja y muy corta y sin espada.*

D. JUAN   ¡Que me detuviese tanto!
        Corrido[243] estoy de no hallarle,   1855
        porque pensará don Diego
        que hubo en mi valor desaire.
        Mañana pondré remedio
        y procuraré arrogante
        darle a entender que no huye   1860
        mi pecho de tales lances.
        Blanca me tuvo la culpa,
        pues me detuvo ignorante
        con sus celosos discursos,
        de que no pude escaparme.   1865
        Pero en el jardín conmigo
        quiere hacer las amistades,
        que si las mujeres quieren,
        es fácil desenojarse.
        Éste el jardín es. Sin duda   1870
        se habrá acostado su padre.

---

240 *poyos*: «Nosotros le tomamos comúnmente por el asiento que está arrimado al cimiento de la pared.» (*Cov.*, s.v. poyo.)

241 *estoraque*: «Es el licor de un árbol que parece al membrillo; nace, según dice Plinio, en la Siria, próxima a Judea. Crece también en Roma, en los campos dichos antiguamente tusculanos y ahora tienen por nombre Frascata. Estoraque líquido es la grasa que sale de la corteza del estoraque, por vía de cocimiento.» (*Cov.*)

242 *de noche*: Ver nota a la acotación entre los versos 1828-9.

243 *Corrido*: «El confuso y afrentado.» (*Cov.*, s.v. correr.)

PASAMANO   Entra, señor, que ya es hora
            y, pues llave tienes, abre.
            (*Ap.* Que yo entre tanto acá fuera
            procuraré desatarme;²⁴⁴   1875
            de espadas no, que baldado
            he estado desde esta tarde
            de bastos.²⁴⁵ Sí que es manjar
            que puede atemorizarme.)

D. JUAN   Pues, Pasamano, cuidado   1880
            y mira que no te apartes
            desta esquina, que me importa.

PASAMANO   (*Ap.*) ¿Y si quieren engrudarme
            al rotular la comedia,²⁴⁶
            no será error que la estampen   1885
            en mis narices, pudiendo
            retirarme a estotra parte?

D. JUAN   Ya encontré la puerta. Quiero
            darle la vuelta a la llave.
            Ya está abierta.

Abre don Juan la puerta y doña Blanca está dentro.

D. BLANCA   Entrad, don Diego,   1890
            que mi enojo menos grave
            está, porque halléis disculpa
            con que poder obligarme.

D. JUAN   (*Ap.*²⁴⁷ ¡Qué rigor!) ¿Es doña Blanca?

---

244 *desatarme*: «Vale también perder el encogimiento, temor y extrañeza.» (*Aut.*)
245 *bastos*: tiene aquí la acepción de golpes.
246 Pasamano hace referencia a la costumbre de anunciar las comedias que se estrenaban en Madrid con carteles pegados con engrudo en las esquinas.
247 Incluyo por ser necesario este aparte que no se encuentra en ninguna de las fuentes.

D. BLANCA   Sí, don Diego.

D. JUAN   (*Ap.*²⁴⁸) ¡Fuerte lance!   1895
            ¡Ah traidora! ¡Ah fementida!²⁴⁹
            Que me amabas confesaste.
            ¿Cómo ahora, ¡qué desdicha!,
            pesar a pesar añades?
            ¡Ah falso don Diego! ¡Ah aleve!²⁵⁰   1900
            ¿Que así amistades se paguen?

D. BLANCA   ¿No entráis, don Diego?

D. JUAN   (*Ap.* ¿Qué dudo?
            Bueno será disfrazarme
            con el nombre de don Diego,
            ¡qué de penas me combaten!,   1905
            y averiguar si pudiera
            mis celos, aunque me abrasen.)
            Vuestros pasos voy siguiendo.
            Id vos, señora, delante.

D. BLANCA   (*Ap.*) ¡Oh, si tuvieses disculpa   1910
            para aplacar mis pesares!

D. JUAN   (*Ap.*) ¡Oh, si amante convinieras²⁵¹
            en burlas estas verdades!

D. BLANCA   (*Ap.*) No me ofendieran los celos.

D. JUAN   Con amor hiciera paces. (*Éntrase.*)   1915

---

248 Incluyo por ser necesario este aparte que no se encuentra en ninguna de las fuentes.
249 *fementida*: «Falto de fe y palabra. Es formado de las voces *fe* y *mentir*, porque miente o falta a la fe y palabra.» (*Aut.*)
250 *aleve*: Ver nota al verso 1100.
251 *convinieras*: «Ajustarse, componerse, concordarse.» (*DRAE*)

| Pasamano | Solo estoy. Discurrir quiero,
| | aunque me he quedado *en albis*,[252]
| | si quedó muerto Galón
| | de la estocada. Dislate
| | me parece, porque aún dudo   1920
| | que a la ropa le tocase
| | mi espada con el temor.
| | Mas las del Perrillo[253] y Juanes[254]
| | suelen morder desde lejos.
| | Si bien es justo me espante,   1925
| | que siendo ésta allí doncella,
| | fuese amiga de hacer carne.[255]
| | Si se murió, fue del susto,
| | que siempre los hombres grandes,
| | cuando sacamos la espada,   1930
| | no la sacamos en balde.
| | Él se la llevó, y la capa.
| | Y ésta me ha prestado un sastre,[256]
| | que me dijo que servía
| | de cubrir, nadie se espante,   1935
| | la jaula de un perdigón,[257]
| | y aún era corta de talle.
| | Ir con ella a danzar puedo

---

252 *in albis*: En latín «en blanco», tiene el mismo sentido que la expresión moderna «quedarse en blanco.»
253 *perrillo*: «Nombre dado a las espadas de calidad.» (*Léxico del marginalismo.*) Las fabricaba Julián del Rey, famoso espadero toledano.
254 *juanes*: «La espada.» (*Léxico del marginalismo.*)
255 Divertido juego de palabras con connotaciones sexuales. Pasamano está asombrado ante la posibilidad de haber herido a Galón, pues le extraña que su espada «siendo hasta allí doncella», es decir, que nunca había sido estrenada, «fuese amiga de hacer carne» penetrando en el cuerpo de Galón. Pero ser doncella significa también ser virgen y «hacer carne» tener relaciones sexuales. La espada, uno de los símbolos fálicos por excelencia, es irónicamente aquí quien pierde su virginidad.
256 *sastre*: Ver nota al verso 1260.
257 *perdigón*: «La perdiz cuando es nueva.» (*Cov.*) Se repite aquí la burla de los sastres que roban tela.

                de Santiago a la calle,
                a donde mares de lodo   1940
                llevan los caniculares.²⁵⁸
                Mas sufrir este sereno,²⁵⁹ ²⁶⁰
                hecho figura de jaspe,²⁶¹
                valentía puede ser,
                mas no lo es en el donaire.   1945
                ¿Quién me mete en ser bizarro?
                Experiencia no hay bastante,
                que no conviene el serlo.
                Fue mala la de esta tarde.
                Pues ¿qué dudo? ¿En qué reparo?   1950
                Retírome a estos zaguanes,²⁶²
                que es en medio del invierno
                y no pare ya mi madre.²⁶³

        Llégase Pasamano a Galón, que soñando dice.

GALÓN   Rendido estoy a tus pies,
                Pasamano, no me mates.   1955
                Envaina el estoque agudo,²⁶⁴

---

258   *caniculares:* «Una constelación celeste, dicha en griego σειριοζ, sirios, de la cual tomaron nombre los días caniculares. También se llamaba can o canícula, un lado o pinta del dado, que tenía un punto solo, y perdían con él; este punto se llama as, y de allí se dijo asar, por la mala suerte o azar.» (Cov., s.v. canícula.) La capa que le ha prestado el sastre a Pasamano es tan corta que puede ir con ella a la calle de Santiago sin miedo a ensuciarse los bajos con el barro.
259   *sereno*: «Comúnmente llamamos sereno al aire alterado de la prima noche con algún vapor que se ha levantado de la tierra.» (*Cov.*)
260   Desde este verso hasta el verso 1949 (ambos incluidos) no están en S, pero sí en A. Los incluyo como válidos, a pesar de no ser imprescindibles para comprender el sentido del pasaje.
261   *jaspe:* «Piedra manchada de varios colores, especie de mármol, capaz de pulimento, que se distingue por el color principal, y que es como campo de los otros.» (*Aut.*)
262   *zaguanes*: «El portal o la entrada de la casa.» (*Cov.,* s.v. Çaguán.)
263   *no pare ya mi madre*: Con esta expresión indica Pasamano que ya es viejo, pues su madre pasó la edad de parir. Aparece la idea del invierno como muerte o vejez.
264   *estoque*: «Espada angosta y de cuatro esquinas que por lo regular suele ser de más de marca, y se juega siempre de punta.» (*Aut.*)

               que si procuré engañarte
               con otra burla, primero
               a venganza me incitaste.

PASAMANO   (*Ap.*) La voz de Galón es ésta.   1960
               ¿Mas, cómo, si muerto yace?
               Vendrá quizás a este mundo
               solamente a castigarme.
               Yo con muertos no me entiendo.
               Mil misas quiero mandarle,   1965
               a ver si acaso negocio;
               que somos los hombres tales
               que, aun estando en la otra vida,
               nos holgamos que nos manden.

GALÓN   (*Soñando*.) Fingí que me habías herido,   1970
               y de suerte te turbaste
               que la espada y ferreruelo[265]
               dejaste en medio del valle.
               ¿Qué delito fue coger
               tus despojos? Tate, tate.[266]   1975
               Galón soy y soy tu amigo,
               Pasamano, no me mates.

PASAMANO   ¿Qué es lo que escucho? Su aliento
               de aquesta duda me saque.

               Llégale la mano a la boca.

               Vivo está, pero dormido.   1980

---

265 *ferreruelo*: «Género de capa, con sólo cuello sin capilla y algo largo. Tomó el nombre de cierta gente de Alemania, que llaman herreruelos, porque fueron los primeros que usaron dellos; como llamamos galdreses, tudescos, bohemios, etc., a otros géneros de mantos o coberturas.» (*Cov.*)

266 *Tate, tate*: «Interj. con que se advierte a alguno no prosiga lo que ha empezado, o se le avisa se libre de algún riesgo que le amenaza prontamente.» (*Aut.*)

>   Quiero la espada quitarle. (*Quítasela.*)
>   ¿Quién es quien tanto ha roncado?
>   ¿Quién va? A la justicia hable.
>
>   *Dale un puntapié y despierta Galón.*

GALÓN	Pesado sueño he tenido,	
	Mas, ¿quién es este gigante?	1985
PASAMANO	Diga quién es a la ronda.²⁶⁷	
	¿En qué se detiene? Acabe.	
GALÓN	¿Cómo no trae luz la ronda?	
PASAMANO	¿No echa de ver, ignorante,	
	que soy alguacil del limbo,²⁶⁸	1990
	que a ciegas las causas hace?	
	En no diciendo quién es,	
	irá preso, y al instante	
	le apretarán la clavija ²⁶⁹	
	hasta hacer que lo declare.	1995
GALÓN	Pues, si se ha de decir, sus ²⁷⁰	
	digo, que nadie se espante,	
	soy flor de Lis unas veces,	
	otras punta de diamante.	
	Soy de seda, plata y oro,	2000
	pero soy tan miserable,	
	que ya por onzas me venden.²⁷¹	

---

267 *ronda*: «Se toma algunas veces por los soldados que van rondando y asegurándose de lo que puede haber de inconveniente y perjuicio.» (*Cov.*)
268 *limbo*: «Lugar subterráneo, do no llegan los rayos del sol.» (*Cov.*)
269 *apretarán la clavija*: «Apretar la clavija, dar priesa a un negocio con calor.» (*Cov.*)
270 *sus*: Vulgarismo usado en lugar de «os.»
271 Galón juega con los cuatro significados de su nombre: francés (galo), por lo que es flor de Lis (símbolo de la casa real francesa), punta de diamante, un género de tejido fuerte hecho de seda, hilo de oro o plata y una unidad de medida.

¡Grave afrenta! ¡Vil ultraje!
Soy a veces tan humilde [272]
que consiento que me arrastren.   2005
Otras veces soy tan vano
que, procurando ensalzarme,
aun el pecho más ilustre
con mi lustre quiere honrarse;[273]
y aun esto viene a ser más,   2010
que el rey en hombros me trae.[274]
¿A quién hace el rey tal honra?
¿A quién favores tan grandes?
Soy, en efecto, Galón
de los criados leales.   2015
El *Non plus ultra*,[275] el brioso,
el galán y el del buen talle.
Con *quibus & nostras voces*[276]
dije mis habilidades.

PASAMANO   Voaced,[277] si mal no me acuerdo,   2020
es entre lacayo y paje
de don Diego de Ribera.

---

272   Desde este verso hasta el verso 2013 no están en S.
273   Hace referencia a los galones o insignias que la nobleza se colgaba del pecho.
274   Se refiere a la capa del rey que podía estar hecha del género denominado «galón.»
275   *Non plus ultra*: «Expresión latina que se usa en nuestro castellano para ponderar las cosas, exagerándolas y levantándolas a lo más a que pueden llegar.» (*Aut*.)
276   El uso del latín en boca del gracioso es un elemento cómico más. En el *Lazarillo de Tormes*, Lázaro cuenta cómo su amo el buldero hablaba en latín para darse tono cuando sabía que sus contertulios no dominaban la lengua: «Si [los clérigos] decían que entendían, no hablaba palabra en latín, por no dar tropezón, mas aprovechábase de un gentil y bien cortado romance y desenvoltísima lengua. Y si sabía que los dichos clérigos eran de los reverendos, digo que más con dineros que con letras y con reverendas se ordenan, hacíase entre ellos un Sancto Tomás y hablaba dos horas en latín -a lo menos que lo parescía, aunque no lo era.» (en *Lazarillo*. Madrid: Castalia, 2001. 113-4)
277   *Voaced*: «Por síncopa vale lo mismo que v.m. o usted. Suele usarse en el estilo familiar.» (*Aut*.)

GALÓN   Es verdad.

PASAMANO   Pues a la cárcel.

GALÓN   ¿Yo a la cárcel? ¿Qué delito? (*Recio.*)

PASAMANO   Paso,[278] la voz no levante,   2025
             porque están treinta corchetes[279]
             a la entrada de esta calle.

GALÓN   ¿Treinta no más? Corto anduvo.
             Más bulto que treinta hacen.

PASAMANO   Toda la justicia viene,   2030
             porque ha llegado a informarse
             que es algivista famoso
             vuesarced de voluntades.[280]
             Han dicho también que pecan
             vuesa merced y los sastres[281]   2035
             por los recaudos.[282] Advierte
             que hay diferencia muy grande:
             que ellos pecan por tomarlos
             y vuesa merced por afable.
             A todo el mundo los lleva,   2040
             siendo él de marcas[283] contraste.[284]

---

278 *Paso*: «Hablar paso, hablar quedo.» (*Cov.*)
279 *corchetes*: «Por alusión se llamaron los ministros de justicia, que llevan agarrados a la cárcel los presos, corchetes, porque asen como estos ganchuelos.» (*Cov.*, s.v. corchete.)
280 *algivista (...) de voluntades*: Celestina, tercera en amores. Tomando del sentido literal de «algebrista», médico que compone huesos, significa por extensión el que compone las voluntades amorosas.
281 *sastres*: Ver nota al verso 1260.
282 *recaudos*: «El cobro que se da de una cosa; recaudo, vale mensaje, porque ha de cobrar respuesta el que le lleva.» (*Cov.*, s.v. recaudar.)
283 *marcas*: sobresaliente, que excede.
284 *contraste*: «Desgracias, impedimentos opuestos, estorbos, embarazos.» (*Cov.*)

           Toda la gura²⁸⁵ ha venido
           con intento de sacarle
           a obispar,²⁸⁶ que lo merece
           esa presencia, ese talle.   2045
           Si vuesarced contribuye,
           permitiré que se escape,
           pero si no, con un silbo
           que yo dé, verá al instante
           lo que sale de corchetes   2050
           y lo que de esbirros²⁸⁷ sale.

GALÓN   Un Creso²⁸⁸ quisiera ser
           para sed tan insaciable.

PASAMANO   Si no hay moneda, la capa
           basta para contentarme,   2055
           que ésta que traigo es delgada
           y pásala luego²⁸⁹ el aire.

GALÓN   Mas hago que San Martín,²⁹⁰ *(Dásela.)*

---

285 *jura*: justicia.
286 *obispar*: «Condenar a una tercera o hechicera (la mayor parte de las veces eran mujeres) a emplumar. Se decía así porque las paseaban por las calles tocadas de una especie de gorro o mitra que se parecía en la forma a la de los obispos.» (*Léxico del marginalismo*.) Aquí «obispar» tiene el sentido de recibir golpes. Era común que durante ésta procesión callejera la gente arrojara verduras a las brujas, de ahí la alusión a recibir el pago en pepinos.
287 *esbirros*: «El ministro de justicia en lengua toscana, que nosotros llamamos porquerón o perquirón, porque busca los delincuentes, y corchete porque los lleva asidos y engarrafados.» (*Cov.*)
288 *Creso*: Ciudadano del imperio romano famoso por sus riquezas.
289 *luego*: ver nota al verso 124.
290 *San Martín*: Se refiere a San Martín de Tours, quien siendo un joven soldado de las tropas romanas entró en la ciudad de Amiens en un día extremadamente frío y para ayudar a un pobre cortó su capa y le entregó la mitad. Esa noche se le apareció Cristo en sueños llevando puesta la tela que él había entregado al mendigo. Galón aprovecha burlescamente el episodio al decir que él obra aún mejor que San Martín, pues no entrega media capa, sino toda.

	pues no reparo en mitades.²⁹¹	
	¿Quiere la ropilla?²⁹²	
Pasamano	No,	2060
	que no tiene faldas grandes.	
Galón	¿Los calzones?²⁹³	
Pasamano	Huelen mal,	
	vuesa merced bien lo sabe.	
Galón	Pues si nada quiere, diga	
	por dónde podré escaparme.	2065
Pasamano	Por allí, sin riesgo.	
Galón	Adiós.	
Pasamano	En la Caridad²⁹⁴ lo pague.	
	Mas tome para el camino, (*Dale de cintarazos.*)	
	porque otra vez no le hallen	
	durmiendo a sueño y soltura.²⁹⁵	2070

---

291 Con este verso comienza la página 25 de la fuente S. A partir de aquí y hasta el final del texto se aprecian un tipo, fuente y formato de impresión diferentes.
292 *ropilla*: «Vestidura corta con mangas y brahones de quienes penden regularmente otras mangas sueltas o perdidas, y se viste ajustadamente a medio cuerpo sobre el jubón.» (*Aut.*)
293 *calzones*: «Un género de gregüescos o zaragüelles. Muchas veces se toma por las sobrecalzas, que por otro nombre se llaman polainas.» (*Cov.*, s.v. calças.)
294 *Caridad*: «Orden o Iglesia que se dedica a ejercer la caridad, sea mediante hospitales como los de Juan de Dios o Antón Martín, sea enterrando a los muertos, caso frecuente cuando se trataba de maleantes ahorcados que eran enterrados por dichas asociaciones de tal forma que caridad podía significar alusivamente ser ahorcado y enterrado después.» (*Léxico del marginalismo.*)
295 *durmiendo a sueño y soltura*: «Decir el sueño y la soltura, hablar con libertad, en buena parte y en mala.» (*Cov.*, s.v. soltar.) Este dicho, «decir el sueño y la soltura», es cómicamente sustituido por «dormir a sueño y soltura», puesto que Galón habló mientras estaba durmiendo.

| GALÓN | Sufro por no ir a la cárcel,
que esto de obispar es malo,
si son pepinos los gajes.²⁹⁶ | *(Vase.)* |

| PASAMANO | Pasamano soy, aguarda.
¿Para qué huyes, cobarde?   2075
Ya de la pasada burla
tuvo efecto el desquitarme.
Quien enemigos tuviere
no duerma,²⁹⁷ y más en la calle.
Ello es tarde. Yo me voy,   2080
pues que mi amo no sale.

Vase y salen por una parte don Juan y doña Blanca, y por otra don Diego y doña Elvira, sin verse.

| D. ELVIRA | *(Ap.)* ¡Que mis finezas²⁹⁸ olvide
don Juan y que a Blanca adore!

| D. DIEGO | *(Ap.)* ¡Que a don Juan, Blanca enamore,
cuando disculpas me pide!   2085

| D. JUAN | ¡Que Blanca a don Diego quiera
y a mí engañándome esté!

| D. BLANCA | *(Ap.)* ¡Que ingrato don Diego fue
y disculparse no quiera!

| D. ELVIRA | ¿De veras no me adoráis,   2090
don Juan, como vos decís?
A mí o a Elvira mentís,

---

296 *gajes*: Ver nota al verso 1809.
297 *Quien enemigos tuviere / no duerma*: Correas recoge el refrán «Quien tiene enemigos, no duerma; que hasta el escarabajo del águila se venga.»
298 *finezas*: Ver nota al verso 71.

                    pues sé que también la amáis.
                    (*Ap*. Así he de saber atenta
                    si me aborrece o me quiere,   2095
                    si mi esperanza se muere,
                    o si mi dicha se aumenta.)

D. Diego   Aunque mis celos lo sientan,
                    he de mostrarme amoroso.
                    Averiguaré curioso   2100
                    las penas que me atormentan.
                    (*A ella*.) Ni yo, señora, os ofendo,
                    ni a Elvira la tuve amor,
                    ni le he pedido favor,
                    ni pedírsele pretendo,   2105
                    ni jamás le he recibido
                    de otra dama que de vos.

D. Elvira   (*Ap*.) Malas nuevas te dé Dios,
                    pues que tan fino[299] habéis sido.

D. Diego   Yo también estoy celoso,   2110
                    Blanca, de vos y quisiera
                    ser don Diego de Ribera,
                    quizá fuera más dichoso.
                    (*Ap*. Así averiguar podré
                    la pena que me lastima.
                    Así veré si me estima   2115
                    y si agradece mi fe.)

D. Elvira   (*Ap*. Aunque mis celos se aumentan,
                    tengo de fingirle amor

---

299 *fino*: Ver nota al verso 459.

                y averiguaré mejor
                qué es lo que los dos intentan.)   2120
                Don Juan, no quise a don Diego,
                ni amor le tuve en mi vida,
                sólo en vos agradecida
                he fundado mi sosiego;
                porque no soy yo mujer   2125
                que se enamora de dos.

D. Diego   Malas nuevas os dé Dios,
                pues mi mal llegué a saber.

D. Blanca   Don Diego, cuando pensaba
                que en vos disculpa hallaría,   2130
                cuando de tanta alegría
                mil parabienes me daba,
                hallo (¡qué necio honor!)
                que, callando la disculpa,
                hacéis precisa la culpa   2135
                y más grave mi dolor.
                Siendo fuerza colegir
                que a Elvira amor le tenéis,
                no sé lo que pretendéis,
                que tanto me hacéis sentir.   2140

D. Juan   (*Ap*. De don Diego está quejosa
                Blanca. Celos la daré.
                Pues celoso estoy, esté
                del mismo modo celosa.) (*A Blanca*.)
                Negaros que quise a Elvira   2145

| | es negar lo que sabéis.
| | Fuerza es que me disculpéis,
| | si con buena luz³⁰⁰ se mira,
| | pues si en ello reparáis,
| | la causa habéis sido vos.   2150

D. BLANCA   (*Ap.*) Malas nuevas os dé Dios,
| | pues tan malas me las dais.

D. JUAN   ¿Qué mucho que yo no os quiera,
| | siendo don Juan de Mendoza
| | quien vuestros favores goza   2155
| | y quien gozarlos espera?
| | (*Ap.* Deste modo he de saber
| | si me tiene amor o no,
| | si esta tarde me engañó,
| | o si me quiere querer.)   2160

D. BLANCA   Don Diego, advertid que en mí
| | faltará el vital aliento
| | primero que el pensamiento
| | con que amante os admití.
| | Ved que es de locura muestra,[301]   2165
| | cuando yo celos os pido,
| | echar la culpa al olvido
| | y siendo la culpa vuestra.
| | ¿Yo amor a don Juan, ah aleve?[302]
| | Un rayo me abrase, amén,   2170
| | si yo a don Juan quiero bien,
| | o si él favores me debe.

---

300 *buena luz*: «Modo adverbial que significa con reflexión y cuidado.» (*Aut.*, s.v. luz)
301 *muestra*: «Metafóricamente significa señal, indicio, demostración o prueba de alguna cosa.» (*Aut.*)
302 *aleve*: Ver nota al verso 1100.

| | Sabe el cielo esta verdad
y que sólo os quiero a vos. | |
|---|---|---|
| D. Juan | (*Ap.*) Malas nuevas os dé Dios, | 2175 |
| | pues mentís con la verdad. | |
| D. Blanca | ¿En fin, me queréis, don Diego? (*A don Juan.*) | |
| D. Juan | Ya digo que os tengo amor. | |
| D. Blanca | ¿Tenéisle también a Elvira? | |
| D. Juan | No sé quién os engañó | 2180 |
| | Blanca. Mi fineza dice | |
| | que sólo os adoro a vos. | |
| D. Blanca | (*Ap.*)[303] Ya en celos tan evidentes | |
| | mi pena se declaró. | |
| | Ciego que a la vista apuntas | 2185 |
| | y das en el corazón, | |
| | yo a los principios herida | |
| | de lo dulce de tu arpón, | |
| | por deidad te respetaba, | |
| | venerábate por dios. | 2190 |
| | Pero ya con la experiencia | |
| | de tu crueldad y rigor, | |
| | nada me suceda bien, | |
| | si te hiciere adoración. | |
| | Mal me haga dios Cupidillo, | 2195 |
| | si dijere que eres dios. | |

---

[303] Incluyo por ser necesario este aparte a pesar de no encontrarse en ninguna de las fuentes.

D. Diego	¿Estaré, divina Blanca,
	seguro en vuestra afición?

D. Elvira	¿Pues en qué dudáis, don Juan? (*A don Diego.*)

D. Diego	¿En qué puedo dudar yo,	2200
	si no es saber que don Diego	
	merezca vuestro favor?	

D. Elvira	¿Eso cómo puede ser,	
	siendo ya mi dueño vos?	
	(*Ap*. Daréle celos después	2205
	que sepa todo su amor.)	

D. Diego	(*Ap*.) Cupido para matarme	
	de celos el resto echó.	
	Vendado lince[304] a quien llaman	
	el imposible mayor,	2210
	para que deidad blasones,[305]	
	siendo lo más presunción,	
	muerte me has dado dos veces.	
	Bastaba morir de amor	
	y no de amor y de celos.	2215
	¿Ves cómo fuiste traidor?	
	No mereces que por niño	
	se te conceda perdón	
	de lo que por dios fingido	
	tu temeridad obró.	2220
	Pues según dijo un discreto	
	no eres niño, ni eres Dios.	

---

304 *Vendado lince*: La imagen del lince vendado constituye una paradoja, pues, tal y como indica Covarrubias, el lince es un «animal de aguda vista» y, sin embargo, queda cegado por la venda que el amor pone en sus ojos.

305 *blasones*: «Hacer ostentación de alguna cosa gloriosa con alabanza propia.» (*Aut*.)

>   Para niño eres muy fuerte,
>   para Dios muy sin razón,
>   para rapaz muy astuto,   2225
>   para deidad muy traidor,
>   muy tirano para niño,
>   muy humano para Dios.

D. BLANCA   Aunque ingrato seas, don Diego,   (*A don Juan.*)
            tengo de ser firme yo,   2230
            en adoraros constante.
            Toda mi dicha, ¡qué pena!,
            en celos se resolvió.
            Nieto infame de la espuma,[306]
            que este es el primer blasón,[307]   2235
            dime: ¿Por qué en los principios[308]
            te hiciste mi defensor,
            si en los fines[309] que te busco
            hallo tu contradicción?
            Si a quien te obliga te niegas,   2240
            ¿de qué te sirve ser dios?
            ¿De qué te sirve el aljaba,[310]
            el arco y dorado arpón?[311]
            ¿De qué te sirven las alas,
            presumido volador?   2245
            Don Diego, ¿qué respondéis?
            ¿Haos movido mi valor
            a que amante procedáis
            y a que estiméis mi afición?

---

306 Cupido es el nieto de Neptuno, dios del mar, denominado aquí a través de la espuma marina.
307 *blasón*: «Significa por metonimia lo mismo que honor y gloria.» (*Aut.*).
308 *principios*: Hay aquí una dilogía entre los dos significados de la palabra: 'inicios' y 'valores morales'.
309 *fines*: Dilogía entre final e intención.
310 *aljaba*: «El carcaje donde se llevan las saetas.» (*Cov.*, s.v. aljava.)
311 *dorado arpón*: En la mitología clásica Cupido porta en su carcaj dos tipos de flechas: de oro, que causan amor, y de plomo, que provocan odio.

D. Juan	(*Ap.*³¹² Darete celos, ingrata,	2250
	pues tu olvido me los dio.)	
	Divinas son vuestras partes,³¹³	
	oscuro es con vos el sol,	
	pero doña Elvira está,	
	señora, en mi corazón.	2255

D. Blanca   ¿Hay mujer más desdichada
ni más infeliz que yo?
¿Hijo de Venus desnudo,
si bien de mentiras no,
para que me diste el sí   2260
de ayudar mi pretensión
y solicitar de veras
tan bien comenzado amor,
si has de quebrar tu palabra
en la primera ocasión,   2265
si no han de llegar tus gustos
aun siquiera a verse en flor,
si han de quedarse tus vuelos
amagos de presunción?

Suena ruido y dice don Pedro dentro.

D. Pedro   Baja, Celia, una bujía.³¹⁴   2270

D. Elvira ¡Infeliz mujer nací!
Mi padre viene y, si aquí   (*Turbada.*)
nos halla, desdicha es mía,
me ha de dar muerte. ¡Qué pena!
Idos, don Juan, idos luego.³¹⁵ (*A don Diego.*)   2275

---

312 Incluyo este aparte aunque no aparece en ninguna de las fuentes por ser necesario.
313 *partes*: Ver nota al verso 647.
314 *bujía*: «Cierto género de velas de cera delgadas» (*Cov.*, s.v. bugía.)
315 *luego*: Ver nota al verso 124.

| D. Blanca | Mi padre viene, don Diego.
Ya en los corredores suena.
Que luego os vais me conviene. |

| D. Pedro | ¿No acabas? ¿Qué te detienes? (*Dentro*.) |

| D. Elvira | El peligro es manifiesto,   2280
don Juan, si no os vais ahora. |

| D. Diego | Pues adiós. |

| D. Juan | Adiós, señora. |

Vanse los dos cada uno por su parte.

| D. Pedro | Celia, acaba, baja presto.   (*Dentro*.) |

| D. Blanca | ¿En qué me has puesto, Cupido? |

| D. Elvira | ¡Qué poco te debo, amor!   2285 |

| D. Blanca | Celos causan mi dolor. |

| D. Elvira | Poco favorable ha sido. |

Diciendo estos versos se van llegando cada uno a su puerta para irse, y salen al encuentro don Diego y don Juan, cada uno por la puerta contraria, de suerte que don Diego sale por donde está doña Blanca y don Juan por donde está doña Elvira.

| D. Juan | En vano busqué salida.
La oscuridad la hizo incierta. |

| D. Diego | No pude encontrar la puerta. | 2290 |

| D. Blanca | ¿Que os volvéis? Yo soy perdida. |

| D. Elvira | Venid, retiraos conmigo,
que salir es ya imposible. |

Vanse don Juan y doña Elvira.

| D. Blanca | Seguidme, señor. |

| D. Diego | Ya os sigo. |

| D. Blanca | Ocultarnos la espesura | 2295 |
| | de aquestos mirtos podrá. |

Retírase a un lado y sale don Pedro con una luz y la espada desnuda.

| D. Pedro | Tú, Celia, quédate allá,
que mi valor me asegura. |

| D. Blanca | Ya me ha visto. Mejor es |
| | pedirle humilde perdón | 2300 |
| | y templar su indignación,
arrojándome a sus pies.
Supuesto que traen disculpa
los yerros, padre y señor,
cometidos por amor, | 2305 |
| | perdón merece mi culpa.
Don Diego ha de ser mi esposo. |

| D. Diego | (*Ap.*) Por don Juan no me ha tenido. |

D. BLANCA   (*Ap.*) No es mucho que a mi marido
　　　　　　　le solicite amoroso.   2310

D. PEDRO   (*Ap.*[316] Ejecutar mi rigor
　　　　　　　con don Diego no es cordura,
　　　　　　　mejor mi honor se asegura
　　　　　　　dando lugar a su amor.)
　　　　　　　Bien dices, Blanca, levanta,   2315
　　　　　　　disculpa en amor tenéis,
　　　　　　　mas no por eso debéis
　　　　　　　tomaros licencia tanta.
　　　　　　　Tú das mal ejemplo a Elvira
　　　　　　　y él dará qué murmurar,   2320
　　　　　　　pues quien le viere al entrar
　　　　　　　no ve quién es, ni a qué aspira.
　　　　　　　Venid que alumbraros quiero,
　　　　　　　don Diego, para que os vais,
　　　　　　　porque miro lo que erráis   2325
　　　　　　　y sin luz os considero.[317]
　　　　　　　Pero primero advertid
　　　　　　　que, si casaros queréis,
　　　　　　　de aquí a mañana podréis.
　　　　　　　Harto os he dicho. Venid.   2330

D. DIEGO   Palabra os doy, ¡lance fuerte!,
　　　　　　　de que mañana serán
　　　　　　　mis bodas. (*Ap.* Pero a don Juan
　　　　　　　daré primero la muerte.)

---

316   Incluyo este aparte por ser necesario a pesar de no encontrarse en ninguna de las fuentes.

317   En todo el tercer acto se emplea la imagen de la luz como la verdad, y la oscuridad como la ignorancia. Don Pedro alumbra la salida de don Diego, pero le juzga sin luz, pues no ha intentado llegar al fondo del problema. Don Pedro sale a escena con una luz, pero no quiere saber la verdad, tal y como le correspondería en su función de padre. Esta imagen es muy común en el teatro de la época, siendo uno de los ejemplos más representativos *El burlador de Sevilla*.

| D. BLANCA | Adiós, querido homicida. | 2335 |

| D. DIEGO | Con celos pierdo la vida. |

| D. BLANCA | Tu poco amor me maltrata. |

| D. DIEGO | ¿Que por don Juan me tuviese
y disimular pretenda?
Celos soltaron la rienda, 2340
porque mi pena no cese. |

Vase don Diego por la puerta que habrá en medio, y vale alumbrando.

| D. PEDRO | Ya en esta parte mi honor
está seguro a mi ver.
Mas, ¡ay de mí!, ¿qué he de hacer,
que hay otro daño mayor? 2345
¿Has visto a Elvira? |

| D. BLANCA | Yo no. |

| D. PEDRO | Pues sígueme. |

| D. BLANCA | ¿A dónde vas? |

| D. PEDRO | Alúmbrame y lo sabrás. (*Dale la luz a Blanca.*)
Bien sé que al jardín bajó. (*Dentro don Pedro.*) |

| D. PEDRO | ¿Vos aquí, don Juan? ¿Qué es esto? 2350
Fuerza es que a muerte os condene
el tribunal de mi honor. |

D. Juan   ¿Qué importa, si me defienden (*Dentro don Juan.*)
           mi valor y mi osadía?

*Salen riñendo los dos, doña Blanca deteniendo a don Pedro y
              doña Elvira a don Juan.*

D. Blanca Padre.

D. Elvira   Don Juan.

D. Blanca   Oye.

D. Elvira   Advierte.   2355

D. Blanca Este es delito de amor;
           mejor es que se concierte.
           A todos nos está bien.
           Yo sé que los dos se quieren.
           Dense de esposos las manos.   2360
           Excusarase una muerte
           y, en fin, quedará tu honor
           con el lustre que merece.
           (*Ap.* Y aseguraré a don Diego.)

D. Pedro   Ya escucháis las conveniencias.[318]   2365
           Mirad pues, don Juan, si os mueven,
           porque os tengo de matar,
           si casaros no os conviene.

D. Juan   (*Ap.*[319] ¿Hay lance que a éste iguale?
           ¿Hay confusión que a ésta llegue?   2370
           ¿Pero cómo dudar puedo,

---

318 *conveniencias*: «Significa también ajuste, concierto y convenio.» (*Aut.*)
319 Incluyo este aparte por ser necesario a pasar de no encontrarse en ninguna de las fuentes.

               si están de mi amor las leyes
               diciendo a voces que muera,
               antes que casarme intente?
               Muera mi amor, mi ambición,   2375
               muera yo, muera mil veces,
               que más que amor, honor vale,
               y más que amor, honor puede.)
               Ya estoy resuelto, don Pedro;
               acabad, dadme la muerte.   2380

D. Pedro   ¿Que en fin no os queréis casar?

D. Juan   ¿No me matáis? ¿Qué os detiene?

D. Elvira   (*Ap*.) ¡Ah ingrato, ah traidor, ah falso!
            Ciertos fueron tus desdenes.

D. Blanca   Bastaba importarme a mí   2385
            para que mal sucediese.

D. Juan   (*Ap*. Entre confusiones tantas
            sólo un medio[320] se me ofrece.)
            A Blanca me dad don Pedro,
            que es lo que mi amor pretende.   2390
            Ella a don Diego enamora,
            al paso que[321] me aborrece.
            Don Diego la galantea
            y mal amigo me ofende,
            pues sólo porque la adoro,   2395
            imagino que la quiere.

---

320 *medio*: Ver nota al verso 341.
321 *al paso que*: Ver nota al verso 203.

                    Luego si entrambos me agravian,
                    de ambos es bien que me vengue:
                    della con darle la mano,
                    y dél con darle la muerte.   2400
                    Esto ha de ser.

D. Pedro   ¿Qué decís?

D. Juan   Que aún a vos mismo os conviene
                    que no me case esta noche.

D. Pedro   Pues, ¿por qué causa?

D. Juan   Atendedme.
                    ¿Admitiéraisme por yerno,   2405
                    si yo sin honra estuviese?

D. Pedro   No.

D. Juan   Pues concededme tiempo
                    para que un agravio vengue,
                    que, en cumpliendo con el duelo,
                    obedeceros promete   2410
                    mi nobleza.

D. Pedro   (*Ap.* ¡Qué bizarro
                    está del duelo en las leyes!
                    Aún por eso en los principios
                    recelaba resolverse,³²²
                    hasta que honor le obligó   2415
                    a que morir escogiese.)

---

322 *resolverse*: «Arrestarse a decir o hacer alguna cosa.» (*Aut.*)

Ahora bien, don Juan, yo quiero
daros término³²³ en que puede
ejecutar vuestro honor
la venganza que pretende.   2420
(*Ap.* Don Diego me vengará,
si lo que dice no hiciere,
porque yo estoy ya muy viejo
y es don Juan mozo y valiente.)

D. Juan   Señor, el término acepto.   2425
            Darele a don Diego muerte
            y con esto cesarán
            de mi amor inconvenientes.

D. Pedro   Pues mañana en todo el día³²⁴
            haréis el duelo, de suerte   2430
            que a la noche estéis casado.

D. Elvira   Bien sé que a mi hermana quieres.

D. Juan   Bien sé que a don Diego adoras.

D. Elvira   Córrome³²⁵ de lo que pienses.

D. Pedro   Ya ha amanecido, don Juan.   2435
            No es justo que quien os viere
            salir, don Juan, de mi casa,
            llegue a sospechar vilmente.
            Por acá saldréis mejor.

---

323 *término*: «Se toma así mismo por tiempo determinado, y en este sentido es muy usado en lo forense.» (*Aut.*)
324 *día*: «Por extensión significa algún tiempo determinado en sus límites y sin medida conocida en ellos.» (*Aut.*)
325 *Córrome*: Ver nota al verso 1855.

| D. Juan | (*Ap*.¡Ay, amor, lo que me debes!) | 2440 |
| | Ya os sigo, señor. | |

D. Pedro	¡Ay, honra!
	Que mal hicieron las leyes
	en fabricar su edificio
	en cimiento de mujeres.

Vanse los dos. Detiene doña Blanca a doña Elvira, que se quiere entrar.

| D. Blanca | No te vayas tan aprisa. | 2445 |
| | Espera, Elvira, detente. | |

D. Elvira	Palabras, Blanca, me faltan
	con que pueda agradecerte
	la amistad y la fineza
	con que obligada me tienes.	2450

D. Blanca Sabes que quiero a don Diego.

D. Elvira Ya sé, hermana, que le quieres.

D. Blanca	Pues sabe también, ¡qué pena!,
	que don Diego da en quererte;
	y como ayer le avisé	2455
	viniera esta noche a verme,
	me ha dicho en mi propia cara
	que te adora solamente.
	Mira si es bien que lo sienta,
	juzga si es bien que me queje.	2460
	Tú has de hacer por mí una cosa,
	pues llego de ti a valerme,

	y es que vamos[326] a su casa	
	y sepas encarecerle	
	no que yo le tengo amor,	2465
	sino que tú le aborreces.	
	Quizá con esto vendrá	
	a olvidarte a ti y quererme;	
	que quien a mí me dejó,	
	podrá ser que a ti te deje.	2470
D. Elvira	Blanca, vamos al momento,	
	pero advierto que te acuerdes	
	que hago por ti esta fineza,[327]	
	y sepas que me la debes.	
D. Blanca	Si esto haces seré tu esclava,	2475
	hermana, en obedecerte.	
D. Elvira	Pues vamos de aquí al momento,	
	que ya el sol su luz ofrece,	
	mostrando al mundo sus rayos	
	por las puertas del Oriente.	2480
D. Blanca	Ven, hermana, que en tu mano	
	está mi vida o mi muerte.	
	Vanse y salen don Diego y Galón.	
Galón	Echome al fin la justicia	
	del sitio. ¿Qué había de hacerle,	
	ya que no tenía remedio?	2485
	Vine a casa y acosteme.	

---

326 *vamos:* Tiene aquí el significado moderno del subjuntivo «vayamos.»
327 *fineza*: Ver nota al verso 70.

D. Diego   Tú eres un lindo gallina.

Galón   ¿Si soy lindo,[328] qué mas quieres?
        ¿No es mucho mejor ser lindo,
        que ser crudo[329] y matasiete[330]?   2490

D. Diego   Dios me libre que te engolfes[331]
           en disparates. Advierte
           que he de dar muerte a don Juan.

Galón   ¿Que a matarlo te resuelves?

D. Diego   Sí, Galón, que ya es forzoso.   2495

Galón   Pues escucha si quisieres
        remedio para matarle
        sin que tu persona arriesgues.

D. Diego   ¿Eso cómo puede ser?

Galón   Hazte médico y ve a verle,   2500
        y verás como al momento
        el tal don Juan se nos muere.[332]

---

[328] *lindo*: Hay un juego de palabras con el doble significado de la palabra «lindo.» «Todo lo que es apacible a la vista, hermoso y bien proporcionado (…) Decir el varón lindo absolutamente es llamarle afeminado.» (*Cov.*) Una de las más famosas comedias de Agustín Moreto, *El lindo don Diego*, alude en su título no sólo al hecho de que el protagonista se considera a sí mismo bello, sino también a su afeminamiento.

[329] *crudo*: «Se toma algunas veces por cruel, áspero, despiadado; o por ser como fiera que se ceba en la carne cruda, o por ser desabrida como lo es cualquier fruto de la tierra cuando no está sazonado y cocido con el calor del sol. Y en la primera significación es lo mesmo crudo que cruel.» (*Cov.*)

[330] *matasiete*: «El espadachín o rufián fanfarrón, que por hacer burla de él le dan este nombre. Mátalas callando, el que sin ruido sabe hacer su negocio.» (*Cov.*)

[331] *engolfes*: «Engolfarse, apartarse de la costa de la tierra y hacerse a la mar. Por translación decimos engolfarse uno en negocios, cuando son tantos y tan pesados que no hay hallarles, como dicen, pie.» (*Cov.*, s.v. golfo.)

[332] Es tópica durante el Siglo de Oro la burla de los médicos, de quienes se dice que matan a los enfermos, en lugar de sanarlos.

D. Diego   El arbitrio[333] es como tuyo.

Galón   La risa puedes volverme,
             si bien no te ha parecido.   2505

D. Diego   Llega una silla al bufete,[334]
             que a don Juan quiero escribir
             mi resolución valiente.

*Siéntase a escribir y llegan al paño [335] doña Blanca y doña
Elvira con mantos, y Doña Blanca tapada.*

D. Elvira   ¿Oyes, Galón? ¿Podré ver
             a don Diego?

Galón   ¿Qué le quieres   2510
             tan de mañana, señora?

D. Elvira   Impórtame luego[336] el verle.

Ve don Diego a doña Elvira y levántase.

D. Diego   Pues, señora doña Elvira,
             ¿vos en este pobre albergue?
             ¡Tanta dicha! ¡Tal ventura!   2515

D. Blanca   ¿Galón, podrás esconderme
             donde los pueda escuchar?

Galón   Éntrate en aquel retrete[337]

---

333 *arbitrio*: «También vale deliberación, elección, disposición y acto facultativo para resolver y obrar.» (*Aut.*)
334 *bufete*: «Es una mesa de una tabla que no se coge, y tiene los pies clavados, y con sus bisagras, que para mudarlos de una parte a otra o para llevarlos de camino se embeben en el reverso de la misma tabla.» (*Cov.*)
335 *al paño*: Ver nota a la acotación entre versos 1134-5.
336 *luego:* Ver nota al verso 124.
337 *retrete*: Ver nota al verso 1336.

                    ahora que están divertidos,³³⁸
                    y, si por salir quisieres   2520
                    sin que te vean, repara
                    en la otra puerta que tiene
                    al corredor. Entra ahora.

            Éntrase doña Blanca al retrete y vase Galón.

                    No te vieron. Buena suerte.

D. Diego   Sentaos, señora. Aquí hay silla.   2524

D. Elvira   No me roguéis que me siente.

D. Diego   Pues decid qué me mandáis,
                que ya el alma os obedece.

D. Elvira   Don Diego, yo he sabido
                que a quererme el amor os ha movido.   2530
                Sé que anoche dijisteis en la cara
                a doña Blanca, sí, que os olvidara;
                pues vuestro amor constante
                solamente os conduce a ser mi amante.
                Yo no vengo a pedir que a Blanca adore   2535
                vuestra fineza, no que la enamore,
                sino que a mí me olvide,
                por ser mujer siquiera quien lo pide.
                Yo no os he de querer, no hay que cantaros³³⁹
                aquesto. Digo por desengañaros   2540
                que quiero en otra parte;
                y no es fino³⁴⁰ el amor, si en dos se parte.

---

338 *divertidos*: Ver nota al verso 1596.
339 *cantaros*: «Contar, referir, relatar sucesos o historias.» (*Aut.*)
340 *fino*: Ver notas a los versos 459 y 1105.

D. Diego	Respondiendo, señora, a lo primero:
	engañada, por Dios, os considero.
	Pues antes Blanca ingrata 2545
	con celos me maltrata,
	y aun esta noche de sus mismos labios
	escuché mil afrentas, mil agravios,
	hasta decirme, sí, ¡por Dios! señora,
	que es don Juan de Mendoza a quien adora. 2550
D. Blanca	Otro engaño mayor. ¡Ah, vil amante!
D. Elvira	¿Que Blanca de este modo se adelante?
	Corrida³⁴¹ estoy.
D. Diego	A lo segundo digo.³⁴² (*Sale Galón.*)
Galón	Don Juan te quiere ver.
D. Diego	¿Quién?
Galón	Tu enemigo.
D. Elvira	Que no me vea aquí, señor, conviene. 2555
D. Diego	Comodidad ese retrete³⁴³ tiene,
	si os queréis ocultar.
Galón	Ha de ser presto.
D. Elvira	Mi suerte de desdichas echó el resto.

---

341 *Corrida*: Ver nota al verso 1855.
342 El fragmento «Que Blanca de este modo se adelante, / corrida estoy. D. DIEGO. A lo segundo digo» no se encuentra en S, pero sí en A y es necesario para completar el sentido.
343 *retrete*: Ver nota al verso 1336.

Escóndese doña Elvira donde está Blanca.

GALÓN Sin duda se han de matar
       don Diego y don Juan, y es bien   2560
       ir a avisar a don Pedro,
       que en su casa le hallaré. (*Vase y sale don Juan.*)

D. JUAN Evidencias de mi agravio
         forzosas vienen a ser
         los indicios que principio   2565
         tuvieron en el papel.
         Don Diego, yo quiero a Blanca.
         Sé que también la queréis,
         que solicitáis su amor
         y os enfada su desdén.   2570
         Yo sólo he de ser su esposo.
         Según esto, suponed
         que os he de matar primero
         para que lo pueda ser. (*Sale doña Blanca.*)

D. BLANCA Déjame, Elvira, que ahora   2575
           me toca a mí responder.³⁴⁴

D. JUAN (*Ap.*) Doña Elvira aquí se oculta;
         della la causa sabré.

D. BLANCA Señor don Juan, yo supongo
           que a don Diego muerte deis,   2580
           si bien no será muy fácil,
           porque es caballero él
           que presume de bizarro

---

344 Una didascalia indica en ambas fuentes que esta intervención de Blanca es un aparte, pero resulta claro que no lo es.

	y se sabrá defender.	
	Pero suponerlo quiero.	2585
	Voy al caso. Digo: ¿pues	
	después de muerto don Diego,	
	qué fundamento tenéis	
	para saber vos que Blanca	
	querrá ser vuestra mujer?	2590
D. Juan	El fundamento que tengo	
	para llegarlo a saber	
	es que me ha favorecido,	
	señora, más de una vez.	
D. Blanca	¿Yo a vos favores, don Juan?	2595
	Miradlo, miradlo bien.	
D. Juan	¿Sois vos doña Blanca acaso?	
D. Blanca	Luego, ¿no me conocéis?	
D. Juan	¿Esto es verdad, don Diego?	
D. Diego	¿Quién duda que verdad es? (*Sale doña Elvira.*)	2600
D. Elvira	Ya mis celos se acabaron.	
D. Juan	¿Aquí estábades también?	

Al paño don Pedro y Galón.

Galón	En paz están.

D. Pedro   Desde aquí
                lo que pasa escucharé.
                Mas, ¿no es Blanca? ¿no es Elvira?   2605

Galón   Ellas son. Calla hasta ver
                en qué para.

D. Pedro   ¡Ay, honor mío!

D. Elvira   Vuestra esposa soy.

D. Juan   Tened,
                que, aunque no seáis doña Blanca,
                no dejáis de ser cruel.   2610
                ¿A don Diego no esperabais
                anoche para tener
                satisfacción de una culpa,
                y yo, fingiendo ser él
                por daros celos, no os dije   2615
                que a Elvira quería bien?

D. Blanca   Eso sucediome a mí,
                pero con don Diego fue.

D. Diego   ¿Conmigo? Estáis engañada.
                Pues ya, señora, sabéis   2620
                que esperabais a don Juan,
                que yo, fingiendo ser él
                para averiguar mis celos,
                amoroso me mostré.

| D. Elvira | Eso mismo que decís | 2625 |
| | me sucedió a mí. | |

D. Diego   ¿Con quién?

D. Elvira Con don Juan, que lo que él dice
           de vuestro amor no lo sé.

D. Juan   El engaño, con lo dicho,
           fácil está de entender.   2630
           Y es que anoche en el jardín
           yo con doña Blanca hablé,
           vos hablabais con Elvira,
           y aquesta la causa fue
           de salir todos celosos.   2635

D. Diego   ¿Eso como puede ser,
           si cuando vino la luz
           a Blanca conmigo hallé?

D. Juan   ¿Luego os encontró don Pedro?

D. Diego   Sí, que al tiempo de querer   2640
           buscar del jardín la puerta,
           hallarla imposible fue.

D. Juan   Lo mismo me sucedió.
           Don Diego, bien pudo ser
           que yo a Blanca, vos a Elvira,   2645
           trocásemos al volver.

| D. Diego | ¿Estáis satisfecho?

| D. Juan | Sí.

| D. Diego | Yo, don Juan, lo estoy también.
¿Y vos, doña Blanca?

| D. Blanca | No.
Señor don Diego, tened. 2650
¿Tan presto se os ha olvidado
que enamorasteis ayer
a doña Elvira en su cuarto?

| D. Juan | ¿Vos no me dijisteis que
era Elvira vuestro amor? 2655
¿Cómo ahora, responded,
le dais a Blanca la mano?

| D. Diego | A entrambos satisfaré
de un mismo modo. Don Juan,
si os lo dije, vos también 2660
dijisteis que a doña Blanca
adoraba vuestra fe.
Y así, por no declararme
vuestro enemigo, cortés
os callé mis pretensiones 2665
y mi amor oculté.
A vos, señora, respondo
que todo fingido fue,
por saber que me escuchabais
encubierta en un cancel;[345] 2670

---

345 *cancel*: Ver nota al verso 481.

                    todo a fin de daros celos
                    y averiguar con aquel
                    ardid si a don Juan queríais
                    o si estimabais mi fe.

D. Blanca   Vuestra esposa soy, don Diego.   2675
             Satisfecha me tenéis.

D. Juan   Otro escrúpulo me queda,
             doña Elvira, que vencer.
             ¿Cómo firmáis doña Blanca,
             si vuestro nombre no es?   2680

D. Elvira   ¿Yo he firmado tal, don Juan?

D. Juan   Dígalo aqueste papel.

Dale el medio papel a doña Elvira y ella a doña Blanca.

D. Elvira   Don Juan, esta no es mi letra.
             Doña Blanca, tuya es.

D. Blanca   Decid, don Juan: ¿de qué modo   2685
             llegó a vos este papel?

D. Juan   Señora, en un guante vino,
             y, al tiempo que iba a caer,
             don Diego y yo le cogimos,
             con que acción forzosa fue   2690
             rasgar el papel a un tiempo,
             empeñados de querer
             ser su dueño cada uno
             y tener el todo en él.

D. Blanca   Pues desengañaos, don Juan,   2695
             porque ni de Elvira fue,
             ni se escribió para vos.

D. Pedro   (*Ap.*) ¡Válgame Dios! ¡Qué tropel
             de engaños! Yo estoy corrido.³⁴⁶

D. Juan   Por vida vuestra, leed.   2700

D. Blanca   (*Lee.*) Gusta de que me queráis,
             mi amor, pues veros ofrece.
             La hora será, si os parece,
             las diez. Mirad que vengáis.
             Siempre vuestra. Doña Blanca Osorio.   2705

D. Juan   ¿Veis como puede empeñarme³⁴⁷
             fácilmente por tener
             noticia de que era Blanca
             la que ahora Elvira es?

D. Blanca   Bien disculpado quedáis,   2710
             pero en fin, don Juan, sabed
             que yo a don Diego escribía
             me fuera a la noche a ver.

D. Diego   Ved ahora estotra parte
             y lo contrario veréis.   2715

Dale la otra mitad del papel don Diego a doña Blanca.

D. Blanca   (*Lee.*) Don Diego, mi amor aspira

---

346 *corrido*: Ver nota al verso 1855.
347 *empeñarme*: «Obligarse y tomar por su cuenta el cumplimiento de alguna cosa.» (*Aut.*)

| | a solamente quereros;
| | mucho me holgaré de veros
| | esta noche. Doña Elvira.

| D. Diego | No en vano yo a doña Elvira   2720
| | la hice dueño del papel.

| D. Blanca | Pues leedlos juntos ahora,
| | y crédito me daréis.

| D. Diego | (*Lee.*) «Don Diego, mi amor aspira
| | a solamente quereros.   2725
| | Mucho me holgaré de veros
| | esta noche. Doña Elvira
| | gusta de que me queráis.
| | Mi amor, pues, veros ofrece;
| | la hora será, si os parece,   2730
| | las diez. Mirad que vengáis.
| | Siempre vuestra. Doña Blanca Osorio.»
| | ¿Hay enredo que a éste iguale?
| | Válgate Dios por papel.

| D. Juan | Vuestro amigo soy, don Diego.   2735
| | Tomad el guante también
| | y vos, señora, la mano
| | de esposo, pues en mí veis
| | que os adoré como amante,
| | como firme os guardo fe.   2740

| D. Elvira | Vuestra esposa soy, don Juan,
| | con que mil dichas tendré.

(*Salen los que faltan.*)

GALÓN No deis fin a la comedia.
Tened, señores, tened,[348]
que me toca de derecho 2745
el *ite comedia est*.[349]

D. PEDRO Todo lo he estado escuchando
y aunque al principio pensé
que acabaría en tragedia
este suceso que veis, 2750
viendo casadas mis hijas,
contento ahora diré
que le debo a los engaños
la gloria de mi vejez.

D. DIEGO Dadnos el perdón a entrambos. 2755

D. JUAN Esto el amor pudo hacer.

D. BLANCA Celia, ¿cómo estás aquí?

CELIA Eso se sabrá después.

GALÓN Yo fui quien los ha traído.

PASAMANO Yo a decir vengo también 2760
que los frenos he trocado [350]
a Elvira y Blanca.

---

348 *tened*: «Significa también detener y parar.» (*Aut.*)
349 Ver nota al verso 2018.
350 *los frenos he trocado*: «Además del sentido recto vale poner dos cosas cada una en el lugar que había de estar la otra, hacerlas o discurrirlas al revés.» (*Aut.*)

| D. Juan | Ya sé
el suceso. | |
| --- | --- | --- |
| Galón | A Pasamano
haz mi bolsillo me dé,
que me le robó atrevido
y éste me dejó por él. | 2765 |

(*Vacía los carbones.*)

| D. Elvira | Si das a Celia la mano,
doblados te los daré. | |
| --- | --- | --- |
| Galón | Dame ahora los doblones,[351]
y eso se verá después. | 2770 |
| D. Diego | Lo demás no se refiere,
porque ya he visto lo hacéis. | |
| D. Elvira | Teniendo aquí fin dichoso,
si os ha parecido bien,
*Los engaños de un engaño,
la confusión de un papel*. | 2775 |
| Galón | Por el poeta os suplico
que sólo un vítor[352] le deis. | 2780 |

FIN [353]

---

351 Hay un juego de palabras entre «doblados» y «doblones.»

352 *vítor*: «Interjección de alegría con que se aplaude algún sujeto o alguna acción. Dícese más comúnmente vitor, por suavizar la pronunciación.» (*Aut.*, s.v. victor).

353 S incluye al final: «Con licencia; En Sevilla, por la *Viuda de Francisco Leefdael*, en el Correo Viejo.»

Variantes textuales

Los números indicados a continuación corresponden a los números de versos con variantes en las dos diferentes fuentes del la obra.

Agustín Moreto y Cabaña] Augustín Moreto S
Personas que hablan en ella] Hablan en ella las personas
        siguientes S
gracioso] gracioso I S
Salen] Sale A   trae] y trae S
6   casarme] casar me A
9-10   Galón, que satisfacerte / quiero a la objeción que me haces] Galón, que satisfacerte quiero / a la objeción que me haces A   Galón, que satisfacerte / quiero a la objeción que haces S Para que los versos sean regulares acepto la división de versos de S, pero introduzco el «me» de A para que ambos sean octosílabos.
11   Yo] Ya S

19	que una pena, que un dolor] una pena que un dolor S
24	los] les S
37	que] quien S
43	en] Om A
45	ahora] agora A S usa siempre «ahora» y A fluctúa entre «agora» y «aora», regularizo «ahora para todo el texto No vuelvo a indicar esta variante culpo] culpa S
50	prisa] priesa S No vuelvo a indicar esta variante para esta palabra ni ninguno de sus derivados.
57	pobre] pobres S
88	dejar] dejad A
89	forzoso] fuerzoso S
91	Flandes] Flores A
94	agradecía] agradecida S
104	el] al S
106	para] por S Opto por A para mantener el octosílabo
108	al] de S
110	elemento] alimento A
113	inconstancia] desgracia S
118	que] del A
127	Pues] pero S mi] mis S
134	licciones] lecciones S No vuelvo a indicar esta variante que se da siempre que aparece esta palabra.
142	juzgaba] juzgaste A
149	de la] de S Opto por A para mantener el endecasílabo de ellas] dellas S
162	propio] proprio S No vuelvo a indicar esta variante para esta palabra ni ninguno de sus derivados.

172	envidia] invidia S No vuelvo a indicar esta variante para esta palabra ni ninguno de sus derivados.
178	mis] mil S
189	Elviar] Elvira S
194	resístele] resístese S
197	una] vua A codicioso] codioso S
202	juntó] junta S
206	citado] sitiado S
211	ha] he S
217	sucederme] saceder me A
223	tras] Om A S mantiene el heptasílabo, A no
227	Ap.] Om A
229	A indica aquí un aparte
232	Blanca Osorio] Blanca de Osorio S Ninguna de las fuentes respeta el heptasílabo
234	dichas] desdichas A S respeta el heptasílabo, A no
259	fáltame] faltarme A
260	vitoria] victoria S No vuelvo a indicar esta variante que se da siempre que aparece esta palabra.
261	Saca] Sacan A
265	Ap.] Om A
267	Y] yo S
271	saber] sabrer S
273	Ganada] Grana S
279	Felipo] Filipo S
287	patria] puerta S
294	tuvo] tuve A
330	Cloris] Gloris A

352	tanta] tal A	S mantiene el octosílabo, A no
365	una] que una S	
405	Delo] Dolo A	
413	Mudando] Mndando S	
416	Garay] Garai S	
433	fuere] fue S	
438	Juzga] Juzgo S	
460	juzgué] juzgo S	
468	he] ha S	
471-2	la dicha que merecéis /por galán y por discreto] por galán y por discreto / la dicha que merecéis A Sigo S para conservar la estructura métrica	
486	ya] y a A	
487	Y en mí mi desasosiego] Y yo en mi desasosiego S	
491	haz] has S	
492-3 ACOT	Sale] y sale S	
520	ver] haver S	
521	ver] ve S	
522	Ap.] Om S	
526	suma] sama A	
533	ansí] así S	
534	un] vu A	
536	caniquí] cahiquí A	
546	rapacejo] aparejo A	
553	verla] verle S	
565	bolsillo] bolsico A	A no se adecua a la rima
567	sacaréle] sacarle A	S mantiene el octosílabo, A no
568	sufrillo] sufrirlo S	
599	seré] será A	
600	y] Om S	

603	las] los S
615	quieres] queréis S Juan] Luis S
625	tan] tu S
636	si] Om S
666	daría vuelta] daría la vuelta A S mantiene el octosílabo, A no
668	que] Om A S mantiene el octosílabo, A no
678	confesaré] confesara S
680	paz] amor S
708	Mira si parece quien / deseo] Mira si parece quien deseo A A no se ajusta a la métrica
735-6 ACOT	Pasamano] y Pasamano S
736	señora] Om A S mantiene el octosílabo, A no
750	vuesa merced] v.m A
754	satisfaciendo] satisfación A
756	Ap.] Om A
764	aceptar] acetar A
769	Dáselo] dasele A
773	una] un S
774	a] Om A
776	Vuesa merced] v.m A
784	tú] tus A
819	dueño] duño S
820	Vanse] Vas S Vans A
823	será] sería A A no respeta la rima, S sí
827	amo] ama S
830	Vase] Om S
835	no] Om S
839	duda] vida S

844	dije] dize A
848	cuán] qué S
880	Ap.] Om A En S el aparte está en le verso 882, pero lo traslado aquí por el sentido
889	coligido] colegido S
901	Ap.] Vas A quito] aquieto S
903	ocultara] ocultaba S
922-23 ACOT	billete] un billete S
923	dístele] diste A S mantiene el octosílabo, A no
930	para] por S
943	gusto] justo S
955	limita] imita S
958	amor] amar A Sigo S para mantener la rima
960	riego] riesgo S
962	riego] riesgo S
967	Este verso falta en A, pero es necesario para completar la rima.
982	Sólo] sola S
989	ansí] así S
1003	Sí, Celia, o dalo] Om A A no completa el octosílabo.
1011	don Juan estotro me dio] don Juan en estotro medio S
1013	amas] amigas A S mantiene el octosílabo, A no
1018	duda yo encontré] duda encontraré A
1025	o] Om S
1034	esa] su S
1043-4 ACOT	salen] sale A
1044	Don Diego] Om A S mantiene el octosílabo, A no.

1051	lo] le A	
1052	lo] le S	
1061	aspira] espera A	A no respeta la rima.
1075	ansí] así S	
1079	Mirad] mira A	
1087	no sólo] no no sólo A	
1095	Elvira] doña Elvira A	S mantiene el octosílabo, A no
1114	que] a que S	
1130	ejercer] exceder S	
1142	D DIEGO.] Om A	
1147	la] lo S	
1148	Ap.] Om S	
1149	Ya don Pedro de Osorio en paz los pone] Ya don Pedro Osorio en paz los pone S Don Pedro Osorio en paz los pone A A es eneansílabo y S decansílabo, para mantener la regularidad métrica introduzco «de», lográndose así el endecansílabo	
1153	en efecto] enefeto A	
1158	dejadnos] dejarnos S	
1173	Ap.] Om S	
1180	amigos] mi amigo S	
1187	no] Om S	A mantiene el endecansílabo, S no
1189	he] ha S	
1190	que] Om A	
1206	vuesa merced] v.m A	
1209	vuesarced] v.m A	
1216	aquesta] esta S Ap.] Om S desta] de aquesta S	
1229	Ñarro] Narro A	

1254	la] mi S
1271	vino] vivo A
1275	las] los S Ahora] Om A S mantiene el octosílabo, A no.
1280	mandria] madrina A
1284	sustituya] sostituya A
1295	tierna] tirana A S mantiene el octosílabo, A no
1299	puntosa] pantosa A
1301	parece] parezca S
1328	Tantos] Tanto S
1330	este] esse S
1339	escalera] escala S A completa el octosílabo, S no
1343	Juan] Jnan S
1347-48 ACOT	quedándose] quedanse S
1353	que] Om S
1373	fuera] fue a S
1385	que a más amor me ocasionan] que a más mi amor ocasionan S
1436	cautiva] captiva S
1437	quien] qaien S
1453	todas] rodas S
1455	temer] tener S
1465	aspira] apura A
1484	os] Om S
1517	padezca] parezca A
1522	hayáis] hayas A
1523	respeto] respecto S
1540	asperezas] esperanzas S
1542	Eso] Om A S mantiene el octosílabo, A no

1567	Ap.] Om A		
1571	Diego] Juan S		
1574-5 ACOT	la puerta] Om S a don Diego] don Diego A		
1589	ofrece] frece A		
1596-7 ACOT	doña] Om A		
1613	no] Om A		
1627	un] nn S vu A		
1641	Vísteos] visteis os A		
1657	D BLANCA] d Iu A		
1664	adoráis] adoréis S		
1666-7 ACOT	Blanca] Elvira S		
1675	quien] quie A		
1676	voces] veces A		
1679	Juan] Juon S		
1682	le] lo S		
1720	ingratitud] ingratitnd S		
1723	aún esto] aquesto S		
1726	que] Om S		
1727	que] Om S		
1728	dudosa] penosa S		
1743	envió] invio S		
1744	habrá una hora ésta Es la llave] habrá un hora esta llave me dio A S mantiene la rima, A no		
1762	tan] mas S		
1771	cualquiera] cualquier S vuelvas] vuelva S		
1780	guarde] guarda A S mantiene la rima, A no		
1823	En A la m de «compite» está al revés		
1824-5	Llega] Llegue S		
1830	escucho] escuché S		
1831	dolor] valor S		

1839	hallarse] llamarse A
1843	(Entre.)] Om A
1852	los] estos S
1906	pudiera] pudiere S
1909	delante] adelante S
1917	me] Om A S mantiene el octosílabo, A no en] in S Aunque la forma correcta sea «in albis» considero plausible la «en albis» por ser uno de los graciosos quien emplea la expresión
1923	las] la A
1926	ésta] hasta S
1934	que] le S
1941	llevan] llenan S
1960	Ap.] Om S
1970	habías] haveis S
1979	saque] saqu S
1979-80 ACOT	Llégale] Llega S
1983	hable] hablad A
1995	lo] le S
2001	soy] al fin S
2016	El] en S
2019	dije] dexé S
2024	Qué] Qné S
2032	algivista] algevista S
2034	pecan] pechan A
2036	Advierte] advierto S
2041	marcas] más S
2042	jura] gura A
2051	esbirros] ezbirros A
2053	sed] ser S
2061	que] qne S

2067	lo] le A
2069	otra] otro A
2072	obispar] abispar S
2081-2 ACOT	salen por] salen en el jardín, por S
2084	Ap.] Om A enamore] enamora A S mantiene la rima, A no.
2093	pues] que S
2126	que] qne S enamora] enamo ra S
2129	D BLANCA] d Die S
2135	precisa] preciosa S
2168	y] Om A S mantiene el octosílabo, A no.
2169	ah] Om S
2177	D BLANCA ¿En fin, me queréis, don Diego?] Elv En fin D Iuan, me queréis? A
2178	D JUAN] Die A
2179	D BLANCA] d Elv A
2180	D JUAN] Die A
2203	D ELVIRA] d Bla A S
2208	resto] rostro A
2240	obliga] sirve S
2246	A vuelve a indicar aquí que habla Blanca
2269-70	acot y] Om S
2272	Turbada] Turbado A
2287-8	acot su puerta] su parta A salen] sale S
2289	incierta] cierta S
2299	es] Om A S mantiene la rima, A no.
2303	traen] trae en A
2304	yerros] yeros A
2308	Por don Juan no me ha tenido] Por don Juan / no me ha tenido A
2320	murmurar] mormurar A

2331   Palabra os doy, ¡lance fuerte!] Palabra os doy, / ¡lance fuerte! A
2353   ¿Qué importa, si me defienden] ¿Qué importa, / si me defienden A
2365   D PEDRO] d Jua   S   Ya escucháis las conveniencias] Ya escucháis / las conveniencias A
2375   amor] honor A
2381   ¿Que en fin no os queréis casar?] ¿Que en fin / no os queréis casar? A
2382   matáis] matéis S   detiene] tiene A   S mantiene el octosílabo, A no.
2383   ¡Ah ingrato, ah traidor, ah falso!] ¡Ah ingrato, / ah traidor, ah falso! A
2402-3 Que aún a vos mismo os conviene, / que no me case esta noche] Que aún a vos misma / os conviene que no me case / esta noche A
2432   Bien sé que a mi hermana quieres] Bien sé / que a mi hermana quieres A
2433   Bien sé que a don Diego adoras] Bien sé / que a don Diego adoras A
2440   Ap.] Om   A
2544-5 doña] Om   S   se] le A
2482   D BLANCA.] Cla   S Claro error por Bla
2508-9 acot   llegan] llega S   y doña Blanca] doña Blanca S
2521   repara] repera S
2526   roguéis] roguis A
2551   D BLANCA.] Elv   S
2561   le] lo S
2564   forzosas] forzosos S
2575   A incluye aquí un aparte innecesario
2590   vuestra] vnestra S

2599	Esto es] Es esto S
2600	que] qne S
2617	D BLANCA] d Elv S
2630	entender] enterder A
2640	Sí, que al tiempo de querer] Sí, / que al tiempo de querer A
2658	entrambos] entrambas A
2673	queríais] quereis S
2676	satisfecha] satisfecho S
2681	Juan] Jnan S
2691	un] uu S
2698	Ap.] Om S
2699	corrido] corr do S
2721	dueño] dneño A
2763	Ya sé / el suceso] Ya sé el suceso A
2767	por] qor S
2776	la] y S
2779	vítor] victor S

Thank you for acquiring

Los engaños de un engaño y confusión de un papel

from the
Stockcero collection of Spanish and Latin American significant books of the past and present.

This book is one of a large and ever-expanding list of titles Stockcero regards as classics of Spanish and Latin American literature, history, economics, and cultural studies. A series of important books are being brought back into print with modern readers and students in mind, and thus including updated footnotes, prefaces, and bibliographies.

We invite you to look for more complete information on our website, **www.stockcero.com**, where you can view a list of titles currently available, as well as those in preparation. On this website, you may register to receive desk copies, view additional information about the books, and suggest titles you would like to see brought back into print. We are most eager to receive these suggestions, and if possible, to discuss them with you. Any comments you wish to make about Stockcero books would be most helpful.

The Stockcero website will also provide access to an increasing number of links to critical articles, libraries, databanks, bibliographies and other materials relating to the texts we are publishing.

By registering on our website, you will allow us to inform you of services and connections that will enhance your reading and teaching of an expanding list of important books.

You may additionally help us improve the way we serve your needs by registering your purchase at:
http://www.stockcero.com/bookregister.htm

www.ingramcontent.com/pod-product-compliance
Lightning Source LLC
Chambersburg PA
CBHW021757230426
43669CB00006B/102